理《り》科《か》と社《しゃ》会《かい》が ぐっとすきになる

エコのとびら③

SAPIX YOZEMI GROUP
SAPIX《サピックス》 小学部

登《とう》場《じょう》人《じん》物《ぶつ》

エゴちゃん

大地《だいち》の女神《めがみ》　ガイアちゃん

　この本《ほん》の主人公《しゅじんこう》であるエゴちゃんは、まわりのことはおかまいなしで自分《じぶん》勝手《かって》。いけないといわれたことも、平気《へいき》でやってしまうの。

　そんなエゴちゃんに、「エコ」がなぜ大切《たいせつ》かを教《おし》えてくれるのが、サポートメンバーの人《ひと》たちよ。

サポートメンバー

ちょっとおこりっぽいが
おちゃめ
大家《おおや》さん
教《おし》える
エゴちゃんにとなりの
家《いえ》をかしている。
エコが大《だい》すきなふうふ。
おさななじみ
おっとりしているが
ちゃっかりやさん
なかよし
なついている
やっちゃん
おくさん
しぜんや生《い》き物《もの》に
くわしい
ライバル？
友《とも》だち？
「～だわさ」が
口《くち》ぐせ
大家《おおや》さんのまご。
両親《りょうしん》は外国《がいこく》にいる。
気《き》が強《つよ》い。
強子《きょうこ》

さあ、みんなもエコちゃんといっしょにエコを学《まな》びましょう！

理科《りか》と社会《しゃかい》が ぐっと すきになる

エコのとびら③ もくじ

第《だい》1話《わ》 コンポスト

こんにちは〜
ちょっと、あんた。生《なま》ごみなんか持《も》って、どうするつもり?
ぎょっ
これを使《つか》って生活《せいかつ》に役立《やくだ》つ物《もの》を作《つく》るんだわさ
うひひ〜。生《なま》ごみで?
くいくい
な、な、なんだよ。気持《きも》ち悪《わる》いな
これ、実《じつ》はまほうのようきなんだわさ
まほう!?
のぞいてみる?

えっ!?
けけけ。いくじなし～
へ？ ただの土《つち》じゃんか！
ちが～う
これから ひりょうに なるんだわさ
ひりょうって、作物《さくもつ》のえいようになるひりょう？
そう。ここに生《なま》ごみを入《い》れて、じゅもんをとなえるんだわさ
ひえ～
あんた、まほう使《つか》いだったの？
しーっ。ひみつだよ

それじゃ、大家《おおや》さんも？
そうそう。本当《ほんとう》は、ヒキガエルのようかいなんだ
ぬう〜
強子《きょうこ》！バカなことを言《い》うんじゃない。わしは、ただのじいさんじゃ
げっ！ただのじいさん……
ふ、ふ〜んだ。まあ、さいしょからわかっていたけれどね
けっこう、しんじていたくせに
じゃあ、これでひりょうができるっていうのもうそ？
いやいや、それは本当《ほんとう》さ

へ？ まほうでもないのに生《なま》ごみがひりょうになるの？
では、たね明《あ》かしをしよう。生《なま》ごみをひりょうにするのは、まほうじゃなくて土《つち》の中《なか》にいる「び生物《せいぶつ》」なんだよ
び生物《せいぶつ》……
そうそう。目《め》に見《み》えないほど小《ちい》さい小《ちい》さい生《い》き物《もの》だわさ
それなら、土《つち》の上《うえ》に生《なま》ごみをまけばいいじゃんか！
くさいぞー
ネコやカラス、ハエが来《く》るぞー
たしかに……
ようきを使《つか》うのには他《ほか》にもりっぱな意味《いみ》があるんだよ

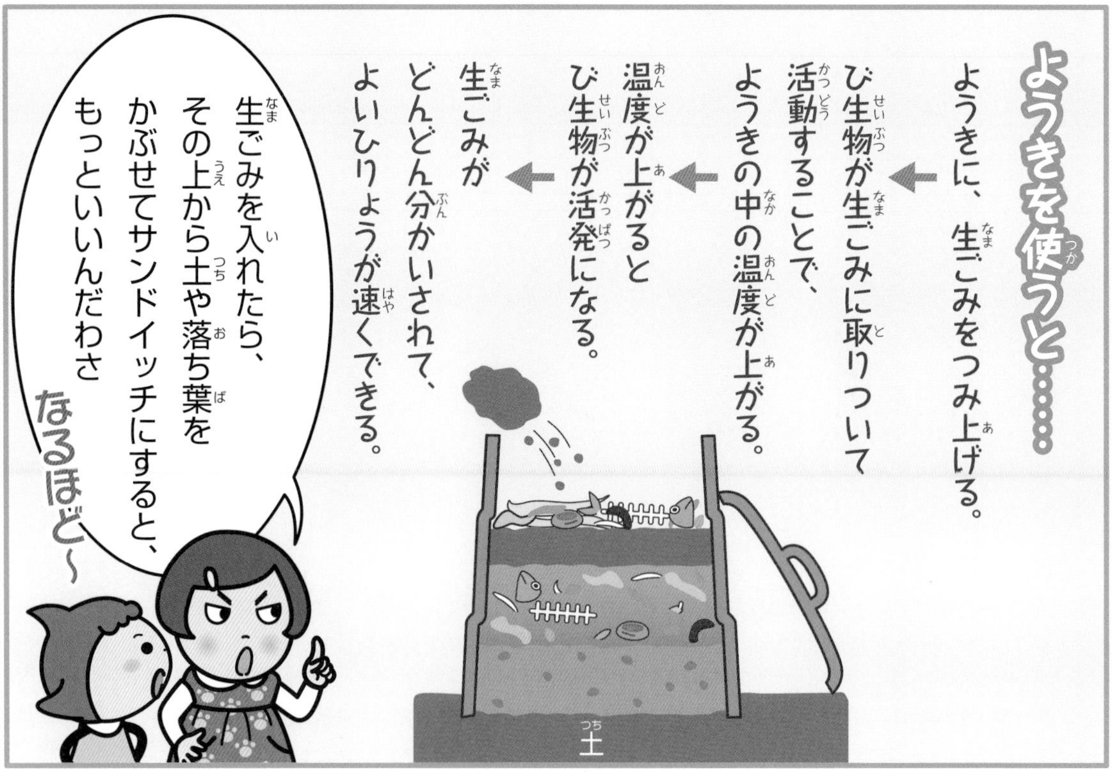
ようきを使《つか》うと……
ようきに、生《なま》ごみをつみ上《あ》げる。
び生物《せいぶつ》が生《なま》ごみに取《と》りついて活動《かつどう》することで、ようきの中《なか》の温度《おんど》が上《あ》がる。
温度《おんど》が上《あ》がるとび生物《せいぶつ》が活発《かっぱつ》になる。
生《なま》ごみがどんどん分《ぶん》かいされて、よいひりょうが速《はや》くできる。
土《つち》
生《なま》ごみを入《い》れたら、その上《うえ》から土《つち》や落《お》ち葉《ば》をかぶせてサンドイッチにすると、もっといいんだわさ
なるほど～

ところで、び生物《せいぶつ》を使《つか》って生《なま》ごみや落《お》ち葉《ば》から作《つく》ったひりょうを何《なん》というか知《し》っているかい？
「コンポスト」っていうんだわさ
えらそうに！
親切《しんせつ》に教《おし》えてあげたんでしょ！
やめい！
まだ話《はなし》は終《お》わっとらん

いいか。生《なま》ごみはほとんどが水分《すいぶん》。だからもやすのにはとてもエネルギーを使《つか》う。生《なま》ごみをコンポストにすると、その分《ぶん》、家庭《かてい》から出《で》るごみがへるから、エネルギーのせつやくにもなるんだ
ふうん。生《なま》ごみをここに入《い》れる場合《ばあい》は、水分《すいぶん》があってもいいの？
あまり多《おお》いといかん。なるべく水《みず》を切《き》ってからだ
また、び生物《せいぶつ》が活発《かっぱつ》でいられるように、ときどき土《つち》をかきまぜてさんそを行《い》きわたらせてやることも大切《たいせつ》だ
ほお〜
おまえさんもやってみないかい？できたひりょうを作物《さくもつ》にやればどっさりとれるぞ
そりゃあいいね。作物《さくもつ》ができたらよんでよ。食《た》べるのを手《て》つだってあげるからね
バイバイ
強子《きょうこ》ちゃんのつぶやき
作物《さくもつ》がどっさりできてもちゃっかりエゴちゃんにはやらないだわさ
強

おうちの方へ

コンポストは専用の容器がなくても段ボールで代用ができます。段ボールは通気性が良く、余分な水分を逃がし、適度に保湿できるため、微生物が活動しやすいといった長所があります。風通しが良く、雨が当たらない場所に設置することがポイントです。ベランダでも構いません。ただ、直接土にかぶせるわけではないので、「ピートモス」や「もみ殻くん炭」などの土壌改良剤が必要になります。段ボールの組み立て時には、しっかりと隙間をふさぎ、きっちりとふたをすることで虫よけや臭気対策になります。投入する生ごみからは、分解されにくい鳥の骨や貝殻は取り除きましょう。一方、廃食油や炭水化物は、微生物が活発になり、段ボール内の温度を上げることにつながります。

第《だい》2話《わ》 紙《かみ》パック

チューチュー
チュー
チュー
ポイッ
あ〜あ、やっぱり
すてられちゃったか
ごみをごみ箱《ばこ》に
すてたんだよ。
何《なん》でもんくがあるのさ
そうなんだけれどさ……
だいたい
人《ひと》がごみをすてるのを
見《み》はっているなんて、
あやしい〜
あ、あ、あやしいって、
ぼくはただ、エコの宿題《しゅくだい》で
飲《の》み終《お》わった紙《かみ》パックが
どうなるのかを
見《み》ていただけだよ

何《なん》でまた紙《かみ》パック？せつ明《めい》してよ
話《はな》すと長《なが》いんだ
短《みじか》く！
何《なん》で、命《めい》れいされるんだよ。ま、いいけどさ……
ぶつぶつ言《い》わない
えーっと、きみは飲《の》み終《お》わった牛《ぎゅう》にゅうパックをどうしている？
牛《ぎゅう》にゅうパック？今《いま》、牛《ぎゅう》にゅうパックの話《はなし》じゃないよ！
いいからさ。ちょっと答《こた》えてよ
牛《ぎゅう》にゅうパックはちゃんとあらって、開《ひら》いて、かわかして、牛《ぎゅう》にゅうパックの回《かい》しゅう日《び》に出《だ》しているよ
あらって
牛にゅう
開《ひら》いて
かわかして
回《かい》しゅう
回《かい》しゅうボックス
へぇ～、意外《いがい》だな。えらいじゃないか

うるさい大家《おおや》さん
分《ぶん》べつ しなさい
けっこうさぼる
いや〜 それほどでも…
何《なん》のために、ふつうのごみとはべつに出《だ》すのか知《し》っている?

え? 聞《き》いたような気《き》もするけれど、わすれた
リサイクルだよ
牛《ぎゅう》にゅうパックはね、紙《かみ》のざいりょうとして工場《こうじょう》に運《はこ》ばれてトイレットペーパーやティッシュペーパーに生《う》まれかわるんだよ
ほう〜。そうだったかな

うん。1リットルの
牛《ぎゅう》にゅうパックが6まいあれば、
トイレットペーパーが
1こできる！
6まい
1こ
へええ。
それはすごい
だから、
リサイクルせずに
すてたら
もったいないよね？
もったいない、
もったいない！
それなのに、
きみ、さっき
ごみ箱《ばこ》に
すてたよね？
え？
だってあれ、
中身《なかみ》は牛《ぎゅう》にゅうじゃ
なかったし、
サイズだって
ちがうよ！

中身《なかみ》や大《おお》きさはかんけいないんだ。ほら、ここにマークがついているだろう？
紙パック
洗って開いてリサイクル
どれどれ。ほんとだ
これがついている紙《かみ》パックはみんなリサイクルできるんだ
そうなんだ
だけどさ、紙《かみ》パックは外出先《がいしゅつさき》でごみとしてすてられることが多《おお》いんだって
だからきみが飲《の》み終《お》わった紙《かみ》パックをどうするか、かんさつしていたんだ
ふん。そういうことか。それで？　けっきょくこの紙《かみ》パックはどうしたらいいのさ？

できれば持《も》ち帰《かえ》って紙《かみ》パックの回《かい》しゅう日《び》に出《だ》してよ
いちごみるく
そうすれば、外出先《がいしゅつさき》のごみもへらせるだろう?
まあね
紙《かみ》は他《ほか》のようきとちがって、軽《かる》いしつぶせるからさ
わかった。とにかく今回《こんかい》は、持《も》って帰《かえ》るよ
パチパチパチパチ
エゴちゃんのつぶやき
紙《かみ》パックどうしたらみんなが持《も》ち帰《かえ》る……それが問題《もんだい》だ
コーヒー
エゴ

おうちの方へ

　紙パックが日本で本格的に使用されるようになったのは1960年代のこと。四角い形であるため、効率良く運搬車に積み込むことができる上、ガラス瓶と比較すると容器自体が軽いので、二酸化炭素の排出量削減にもつながっています。リサイクル資源としても優秀です。しかし、使用済み紙パックの回収率は３割程度です。回収に協力することは比較的簡単なエコの取り組みではないでしょうか。また、忘れてはならないのが、お茶やジュースなどの紙パックも同様に回収対象になるということです。ただし、内側にアルミニウムが使用されているものは対象外です。市区町村で分別回収がされない地域でも、スーパーマーケットなどの店先にある回収ボックスが利用できます。

第《だい》3話《わ》　ヤギで草《くさ》かり

およっ
草《くさ》かりか
うっ、まずい。目《め》が合《あ》ってしまった……
やあ、やあ、これは、いいところに来《き》たな
な、なに?
見《み》ればわかるだろう?
わかんな〜い。アリの研究《けんきゅう》か何《なん》か?

まさか。ほうっておくと、ざっ草《そう》がすぐにしげるから、ちょこちょこ手《て》を入《い》れないとな
はあ。それはおつかれさん。じゃあ、また
ちょいと待《ま》て。年《とし》よりが、がんばっているんだぞ。おまえさんもひとつやってみないか？
おっ、あれは何《なん》だ？
えっ？
にげるとは、けしからん！
手《て》つだいなんていやなこった。足《あし》はいたくなるし、つかれるし……
メエ〜
うん？メエ〜って？

ヤギ！
あら、こんにちは
何《なん》でヤギがいるの？動物園《どうぶつえん》でもつくるの？
ふふふ。ちがうわよ。ヤギは、ここで仕事《しごと》をしているの
どこが？草《くさ》を食《た》べているだけじゃないか
そう。それが仕事《しごと》。ほら、ここのはらっぱ公園《こうえん》、しぜんのままなのはいいけれど、草《くさ》が生《は》えすぎているでしょ
うん。ほうっておくとどんどんしげるんだよね

そう。さく年《ねん》までは、人《ひと》にたのんでやってもらっていたんだけれど、今年《ことし》は人《ひと》が集《あつ》まらなくてね……
わかる、わかる
ヤギが食《た》べたところ
ヤギが食《た》べていないところ
それで、今年《ことし》はヤギにやってもらうことにしたのよ
きかいを使《つか》えばいいのに
おうちがまわりにたくさんあるでしょう。きかいは音《おと》がうるさいし、人《ひと》がけがをすることもあるからなるべく使《つか》いたくないんだ
ふうん。それじゃあ、草《くさ》をからす薬《くすり》でも使《つか》えば?
かんきょうのことを考《かんが》えると、薬《くすり》はねえ……。その点《てん》、ヤギはそれほど大《おお》きな声《こえ》で鳴《な》かないし、人《ひと》に悪《わる》いえいきょうをおよぼす心配《しんぱい》もないかな

それに、人《ひと》がかりとった草《くさ》はどこかにすてないといけないよね。ところが、ヤギなら、草《くさ》を食《た》べてしまうからごみが出《で》ない
でも、うんちするじゃない！
そりゃあ、生《い》き物《もの》だから仕《し》方《かた》がないわよ。でも、ヤギのふんは、ひりょうになるのよ
ふうん
それから、人《ひと》にとってきけんな坂《さか》や山《やま》道《みち》であっても、ヤギならへっちゃら
そりゃ、すごい！
ただね、ヤギはきかいとくらべたら、作《さ》業《ぎょう》のスピードがおそい。それに、生《い》き物《もの》だから、病《びょう》気《き》や体《たい》調《ちょう》には気《き》をつけてあげないとね
およっ

こわくないわよ。ヤギはさびしがりやで、人《ひと》にもなつくの。きっとあなたにお友《とも》だちになってほしいのよ
かわいい〜
ね、ちょっとだけこのヤギ、かしてもらえない？
!?
大家《おおや》さん、手《て》つだいに来《き》たよ〜
エゴちゃんのつぶやき
ヤギをかえば、ミルクを使《つか》ってチーズやアイスが食《た》べほうだいうっしっし
わしはかえんぞ！返《かえ》してこい!!
エゴ

おうちの方へ

雑草といっても、それぞれきちんと名前のある植物です。しかし、公園や住宅地の空き地などで繁茂してしまうと見通しが利かず、ごみのポイ捨てにもつながって、環境が悪くなることもあるでしょう。雑草に対する農薬の使用は、公園であってもマニュアルに従えば可能ですが、周辺住民からの反対もあります。

除草のためにヤギを活用することは、近年、自治体や企業を中心に広がっています。ヤギは繁殖力が強く、荒れ地でも飼育ができ、食料資源としても有益です。雑草がなくなれば、虫の発生も抑えられます。一方、何らかの事情で野生化すると、草木を食べ尽くし、植生を破壊してしまうことが問題です。ヤギは生き物ですから、その飼育には適切な管理が必要です。

世界《せかい》の子《こ》どもたち①

チョコレートのために はたらく子《こ》ども

え〜、チョコレートのために、はたらく子《こ》どもがいるの⁉

　チョコレートの原料《げんりょう》といえば、カカオ。日本ではカカオが育《そだ》ちにくいため、外《がい》国《こく》からたくさん買《か》っているよ。その国《くに》の１つがガーナ。国《こく》みんの多《おお》くがまずしいから、カカオ豆《まめ》をさいばいする畑《はたけ》でたくさんの子《こ》どもがはたらいている。大《おお》きな刃物《はもの》を使《つか》って草《くさ》かりをするのはきけんだし、重《おも》たいカカオ豆《まめ》を運《はこ》ぶのもたいへんな仕《し》事《ごと》。学校《がっこう》に行《い》くのが当《あ》たり前《まえ》の日本とちがい、はたらいている子《こ》どもの中《なか》には、学《がっ》校《こう》に行《い》けない子《こ》どもがたくさんいる。そんな子《こ》どもたちを助《たす》けるために、世界《せかい》ではいろいろな取《と》り組《く》みが行《おこな》われているけれど……。まだまだ時間《じかん》がかかりそうだ。チョコレートを食《た》べるときは、カカオ農園《のうえん》ではたらく子《こ》どもたちのことを思《おも》い出《だ》してね！

エコクイズ①

ヤギがきらいなものはな〜んだ？

ヒント　ジグソーパズルがあるよ。

上《うえ》と下《した》で全《まった》く同《おな》じ絵《え》がかかれている
ピースはどれかな？
そのピースを右《みぎ》の暗号表《あんごうひょう》に当《あ》てはめて
ひらがなを上《うえ》からじゅんに読《よ》むと答《こた》えがわかるよ。

＜暗号表《あんごうひょう》＞

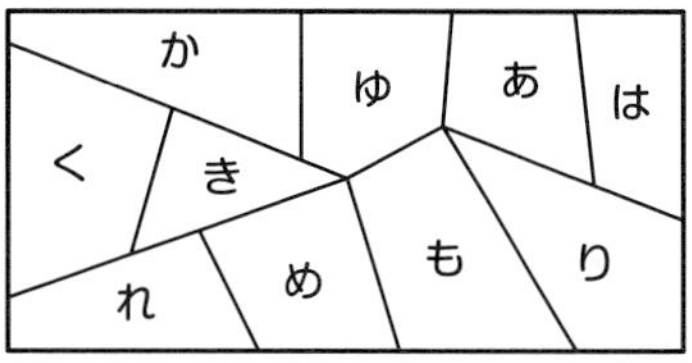

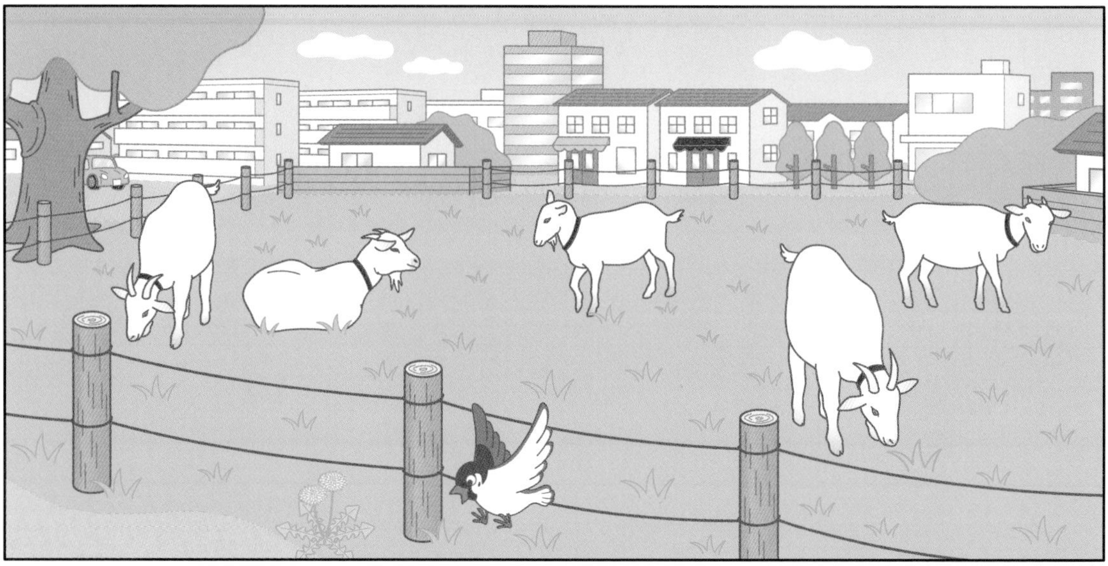

＊よごれやかすれは、かんけいありません。

答《こた》えは107ページにあります。

第《だい》4話《わ》　ヒートアイランド現象《げんしょう》

こんにちはー
いらっしゃい
やけに しずかだね
大家《おおや》さんのおさななじみ やっちゃん
夏《なつ》がすきな しょうちゃんが 夏《なつ》バテかい？
ここのところ、暑《あつ》すぎて。夕《ゆう》べは何《なん》回《かい》も起《お》きたらしく、ねぶそくなのよ
エゴちゃんは、おかしの食《た》べすぎで ねむくなった だけだわさ
ちょっと、あんた、いいかげんに起《お》きなさいよ
ふあ〜
あれ、やっちゃん おじさん！

エゴちゃん、元気《げんき》だったかい？
うん。ばっちり。大家《おおや》さんは、バテバテだけれど、やっちゃんは元気《げんき》そうだね
ZZZZ
ああ、うちの方《ほう》は、朝《あさ》ばん、すずしいからよくねられるんだ。都会《とかい》は暑《あつ》いからなあ
都会《とかい》だと何《なん》で暑《あつ》いの？
う～ん。外《そと》に出《で》た方《ほう》がわかりやすいから、ちょっとさん歩《ぽ》しようか
じゃ、水《すい》とうを持《も》っていって。ぼうしもかぶってね
行《い》ってらっしゃ～い

都会《とかい》が暑《あつ》い理由《りゆう》

その❶ ねつを出《だ》すものがたくさんある。

ほら、みんなエアコンをつけているよね。実《じつ》は室外機《しつがいき》からは、あつい風《かぜ》が出《で》ているんだ
ほんとだ
家《いえ》だけでなくお店《みせ》もエアコンを使《つか》うよね
そりゃそうだ

また、ごみのしょうきゃく場《じょう》で、ごみをもやす、車《くるま》を走《はし》らせるためにガソリンをもやす、工場《こうじょう》や店《みせ》で物《もの》を作《つく》るといったことでもねつが出《で》る
なるほど。ねつだらけ～ってわけか

都会《とかい》が暑《あつ》い理由《りゆう》
その2 緑地《りょくち》が少《すく》ない。
森《もり》や水田《すいでん》、畑《はたけ》があると、気温《きおん》を下《さ》げるこうかがある
どういうこと?

大《おお》きな木《き》は、日《ひ》ざしをふせぐ。だから、気温《きおん》が上《あ》がりにくい。

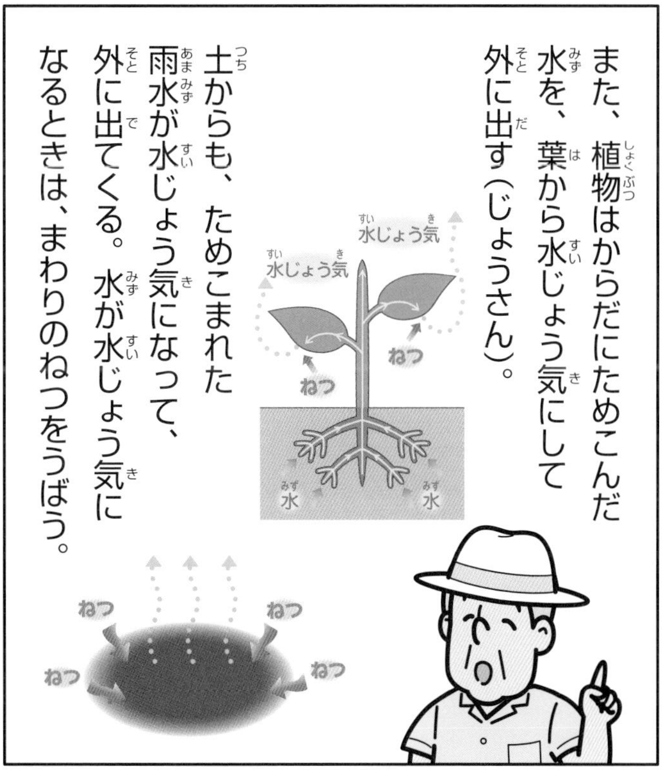
また、植物《しょくぶつ》はからだにためこんだ水《みず》を、葉《は》から水《すい》じょう気《き》にして外《そと》に出《だ》す(じょうさん)。
水《すい》じょう気《き》
水《すい》じょう気《き》
ねつ
ねつ
水《みず》
水《みず》
土《つち》からも、ためこまれた雨水《あまみず》が水《すい》じょう気《き》になって、外《そと》に出《で》てくる。水《みず》が水《すい》じょう気《き》になるときは、まわりのねつをうばう。
ねつ
ねつ
ねつ
ねつ

ねつがうばわれると気温《きおん》が下《さ》がる。だけど、緑《みどり》や土《つち》が都会《とかい》には少《すく》ないから、気温《きおん》が下《さ》がりにくいんだ
たしかに森《もり》や畑《はたけ》はないな

都会《とかい》が暑《あつ》い理由《りゆう》
その③ 道路《どうろ》がほそうされている。
ちょっと見《み》て
ぴちょ
おおっと。水《みず》がしみこまない
はじいているだわさ
そう。アスファルト道路《どうろ》は、土《つち》とちがい、水《みず》をためられない。そして、日光《にっこう》のねつをためこむのさ
だから、路《ろ》面《めん》温《おん》度《ど》が60度《ど》になることもあるよ
なんですとおぉぉ
あちちちち
あつぅ
60度《ど》
まちがってもはだしで歩《ある》いちゃいけないだわさ
くつをはいてさん歩《ほ》だワン
そして、そのねつは、なかなかさめず、夜《よる》になっても地面《じめん》からのねつが空気《くうき》をあたためてしまう。

都会《とかい》が暑《あつ》い理由《りゆう》

その4 家《いえ》やビルがたてこんでいる。

空《そら》を見《み》てごらん
およっ、あんまり見《み》えない
高《たか》いたてものが多《おお》いだわさ
そうなんだ。天空率《てんくうりつ》（空《そら》の見《み》える面《めん》せき）がひくいと、地面《じめん》からのねつが空《そら》にぬけていきにくい
こもるんだな
それに、たてものが多《おお》いから、風通《かぜとお》しも悪《わる》いだわさ

つまり、「ねつを出《だ》す、ためる、ねつがぬけにくい」といったことで都会《とかい》は暑《あつ》いんだ
これを「ヒートアイランドげんしょう」というんだよ
何《なん》じゃ、それ？
ヒートアイランド？

ヒートはねつ、アイランドは島《しま》で、「ねつの島《しま》」という意味《いみ》なんだ
えええっ、ここって島《しま》だったの？
そうじゃなくてね。地図《ちず》で同《おな》じ気温《きおん》のところを線《せん》でつないでいくと、そこだけが島《しま》のようにうき上《あ》がって見《み》えるんだ
28
29
30
なーんだ。ほんとの島《しま》じゃないんだ！
当《あ》たり前《まえ》だわさ
うるさいな。かくにんしたんだよ。か・く・に・ん
むふふ
で、ヒートアイランドだと、どんなことが起《お》こるの？

ねったい夜《や》(夕方《ゆうがた》から朝《あさ》にかけての気温《きおん》が25度《ど》より下《さ》がらない)がふえる

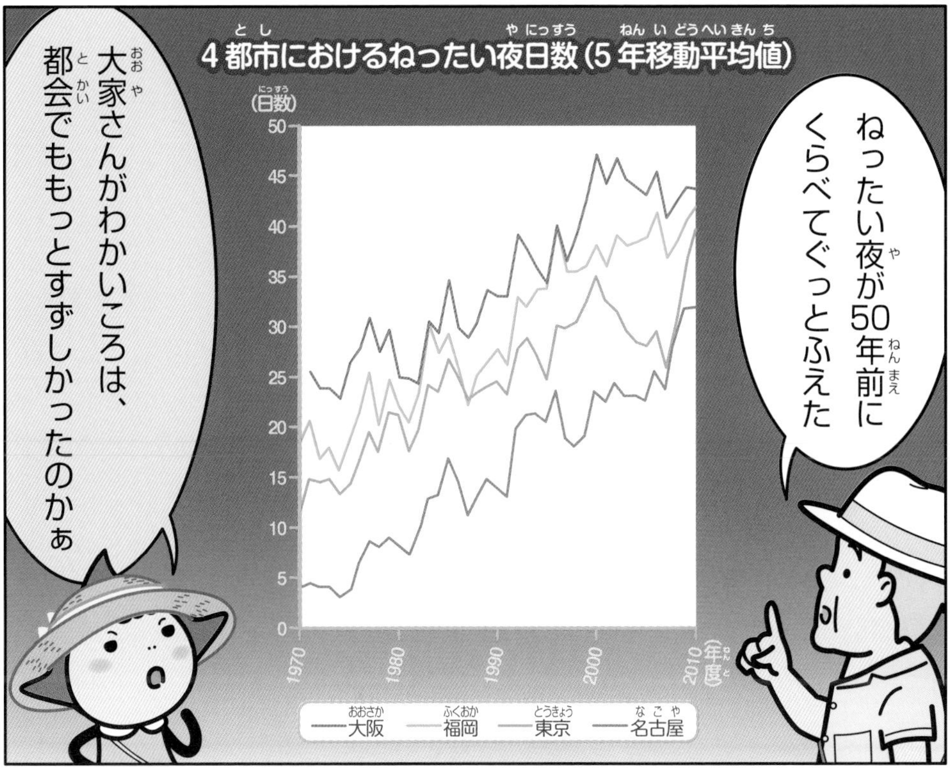
4都市《とし》におけるねったい夜日数《やにっすう》(5年移動平均値《ねんいどうへいきんち》)
(日数《にっすう》)
50
45
40
35
30
25
20
15
10
5
0
1970
1980
1990
2000
2010
(年度《ねんど》)
大阪《おおさか》
福岡《ふくおか》
東京《とうきょう》
名古屋《なごや》
ねったい夜《や》が50年前《ねんまえ》にくらべてぐっとふえた
大家《おおや》さんがわかいころは、都会《とかい》でももっとすずしかったのかぁ

出典：気象庁

ねったい夜《や》だと、なかなかねむれなかったり、とちゅうで何度《なんど》も起《お》きたりします。そうなると、つかれがとれず、具合《ぐあい》が悪《わる》くなる人《ひと》もいます。

ねっ中《ちゅう》しょうになる人《ひと》がふえる

高温《こうおん》だと、体《からだ》がうまくはたらかず、体《からだ》の中《なか》にねつがたまったり、急《きゅう》にあせが出《で》ることで、体《からだ》の中《なか》の水分《すいぶん》や塩分《えんぶん》がうばわれたりしてしまう
で?

「ねっ中《ちゅう》しょう」といって、体《からだ》がだるくなったり、はきけがしたりする。中《なか》にはなくなってしまう人《ひと》もいるんだよ
なんですとぉぉ
とくに子《こ》どもやお年《とし》よりは気《き》をつけるだわさ

ねっ中《ちゅう》しょうでなくなった人《ひと》の数《かず》

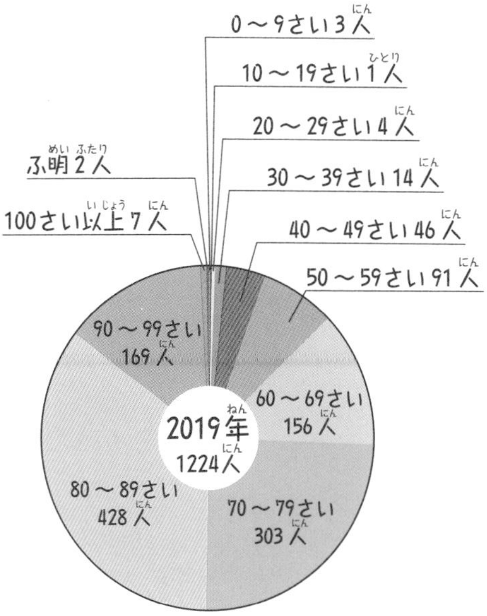
0～9さい3人《にん》
10～19さい1人《ひとり》
20～29さい4人《にん》
30～39さい14人《にん》
40～49さい46人《にん》
50～59さい91人《にん》
60～69さい156人《にん》
70～79さい303人《にん》
80～89さい428人《にん》
90～99さい169人《にん》
100さい以上《いじょう》7人《にん》
ふ明《めい》2人《ふたり》
2019年《ねん》1224人《にん》

出典：厚生労働省人口動態統計

にさんかたんそをたくさん出《だ》す

夜《よる》ぐっすりねるためや、ねっ中《ちゅう》しょうをふせぐためには、どうしてもれいぼうがひつようだよね
そりゃそうだ。死《し》にたくないからな

すると、電力《でんりょく》をたくさん使《つか》う。その電力《でんりょく》をつくるには、日本の場合《ばあい》、主《おも》に火力発電《かりょくはつでん》で化石《かせき》ねんりょうをもやす

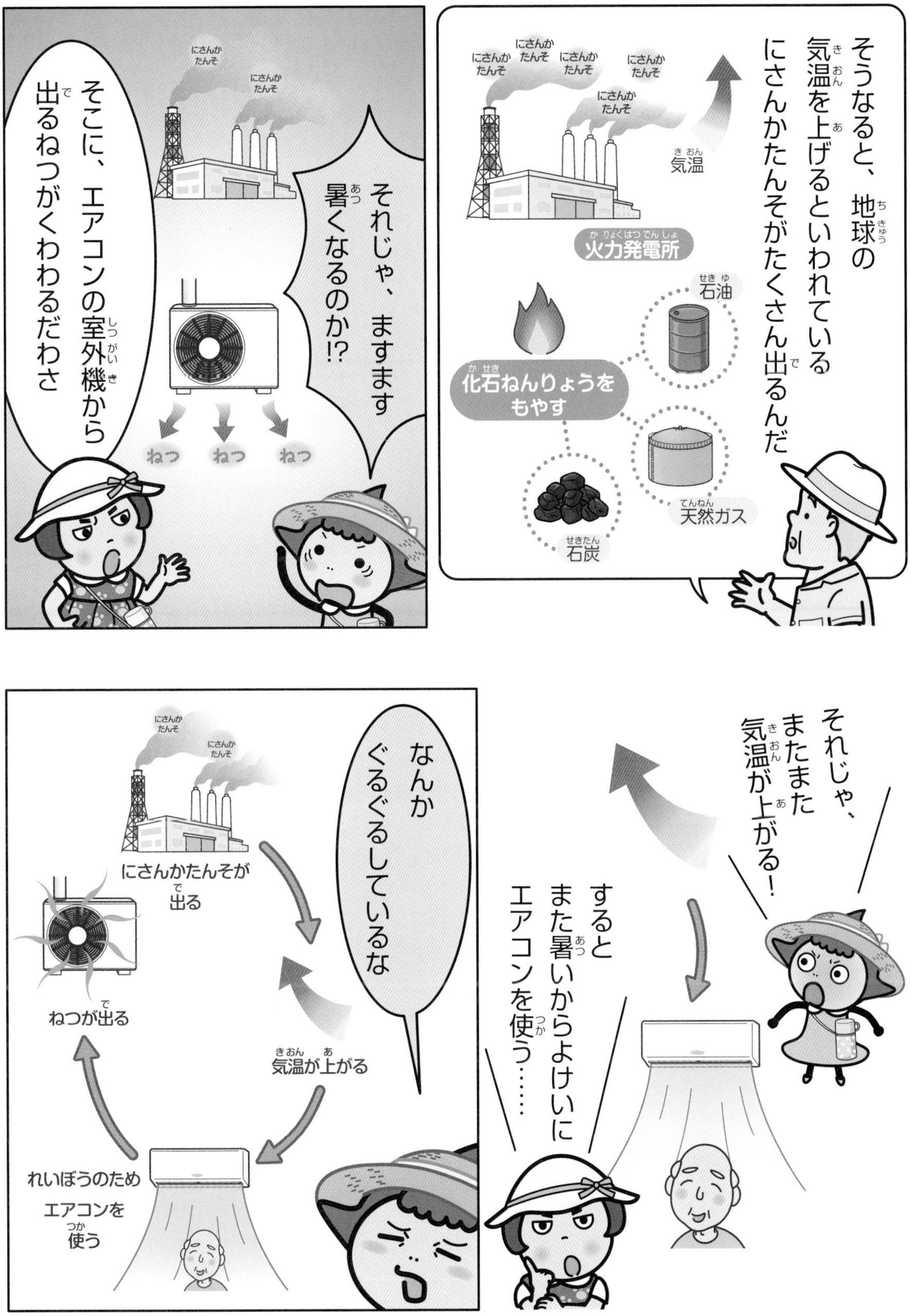
そうなると、地球《ちきゅう》の
気温《きおん》を上《あ》げるといわれている
にさんかたんそがたくさん出《で》るんだ
にさんか たんそ
にさんか たんそ
にさんか たんそ
にさんか たんそ
にさんか たんそ
気温《きおん》
火力発電所《かりょくはつでんしょ》
石油《せきゆ》
化石《かせき》ねんりょうを もやす
天然《てんねん》ガス
石炭《せきたん》
それじゃ、ますます
暑《あつ》くなるのか!?
そこに、エアコンの室外機《しつがいき》から
出《で》るねつがくわわるだわさ
にさんか たんそ
にさんか たんそ
ねつ ねつ ねつ
それじゃ、
またまた
気温《きおん》が上《あ》がる！
すると
また暑《あつ》いからよけいに
エアコンを使《つか》う……
なんか
ぐるぐるしているな
にさんか たんそ
にさんか たんそ
にさんかたんそが 出《で》る
ねつが出《で》る
気温《きおん》が上《あ》がる
れいぼうのため
エアコンを
使《つか》う

大家《おおや》さんの一言《ひとこと》
ヒートアイランドのえいきょうはまだ、あるぞ
花《はな》のさく時期《じき》がかわったり、木《こ》の葉《は》が色《いろ》づくのがおくれたりする。
あたたかい空気《くうき》が空高《そらたか》くのぼり、ひやされて雲《くも》ができ、都会《とかい》だけに集中《しゅうちゅう》ごう雨《う》が起《お》こることがある。
体《からだ》によくない光化学《こうかがく》スモッグが発生《はっせい》しやすくなる。
そうなんだよ。だから、ねつをふせぎ、出《だ》さないようにすることが大切《たいせつ》なんだ

ヒートアイランドげんしょうのたいさく

- 道路《どうろ》のほそうはねつをはね返《かえ》すしゃねつせいほそうにする。

昼《ひる》
①太陽《たいよう》のねつや光《ひかり》をはね返《かえ》す。
②ねつがたまりにくい。
夜《よる》
③ねつがあまり出《で》てこない。

- 日《ひ》よけや緑《みどり》のカーテンを利用《りよう》する。屋根《やね》やかべにねつがたまるのをふせぎ、日《ひ》がさしこまないため、へやの気温《きおん》が上《あ》がりにくくなる。

Cafe

打《う》ち水《みず》をして気温《きおん》を下《さ》げる。
室温《しつおん》を下《さ》げすぎない。
28℃
家庭《かてい》でも できることは あるよね
ところで、やっちゃんのうちは ヒートアイランドの 外《そと》がわなんだよね
ああ、そうだよ
じゃあさ、しばらく やっちゃんちに ごやっかいになります
よろしくだわさ
エゴちゃんの一言《ひとこと》
ヒートアイランド たいさくは、だっ出《しゅつ》が 一番《いちばん》だわさ
まねするな

おうちの方へ

本文では４都市における熱帯夜日数を移動平均を用いて示しています。移動平均とは、変動の大きい時系列データを平滑化するために、一定期間ごとの平均値を連続的に求めることです。今回は５年間の熱帯夜日数の平均値を１年ずつずらしながら求めてグラフで表し、長期的な傾向を見やすくしています。

さて、ヒートアイランド現象の対策として、「エアコンで室温を下げ過ぎない」という取り組みがあります。これはあくまでも「室温」であって、エアコンの設定温度ではありませんのでご注意ください。排熱の問題はありますが、熱中症の懸念もあります。省エネを意識しながら、ご家庭に合ったエアコンの設定温度を見つけましょう。

第《だい》5話《わ》 つめこみすぎ

たいへんだよ～。れいぞうこがこわれた！
げほっ
エゴちゃんの家《いえ》
もったいないから、みんなでアイスを食《た》べるだわさ
あら～
むむむ
バター
クッキー
みそ
おいしいエビピラフ
しゅうりに来《き》てくれるか聞《き》いてみるわね
もう一《ひと》ついけるだわさ
むむむ
エゴちゃん、ざんねんだけれど、すぐには来《こ》られないって
大家《おおや》さんちのれいぞうこにひなんさせて！
こまるよ～

それにしても、まあ、いろんな食《た》べ物《もの》がつめこまれているな
バター
クッキー
みそ
おいしいエビピラフ
とりあえず入《い》れとけば安心《あんしん》じゃないか?
あらら。れいぞうこに入《い》れなくてもほぞんできる食品《しょくひん》はあるのよ
たとえば?
そうねえ、この中《なか》だと……
こんなものね
ふうん。どうやって見分《みわ》けるのさ
さとう
そうめん
しお
ごまあぶら
クッキー
スパゲッティ
ラーメン
ポテトチップス
食品《しょくひん》に書《か》いてあるほぞん方《ほう》ほうを見《み》ればいいだわさ
チョコレート
およっ、チョコレートってけっこう気温《きおん》が高《たか》くてもれいぞうこに入《い》れなくていいんだ! おっどろき!!

開《あ》けていない物《もの》
れいぞうこに入《い》れなくてよい(戸《と》だな)
マヨネーズ
ケチャップ
ソース
水《みず》
かんづめ
ごはん
開《あ》けた物《もの》
れいぞうこに入《い》れる
ただし、一度《いちど》開《あ》けたり、食《た》べかけたりした食品《しょくひん》は気《き》をつけてね
れい
ジャガイモ
サツマイモ
トマト
ナス
カボチャ
バジル
ニンニク
メロン
モモ
それから、野菜《やさい》やくだものの中《なか》には、れいぞうこに入《い》れるとかえって味《あじ》が悪《わる》くなったり、いたんだりする物《もの》があるの
だけど、ぬる～いくだものより、ひえている方《ほう》がおいしい気《き》がする
それなら、少《すこ》し前《まえ》にひやせば? 食《た》べる
食《た》べのこした物《もの》は、ラップをかけるなどしてれいぞうこに入《い》れましょう
ちょっと、ちょっと。これ、かちかち。こっちはカビが生《は》えている! しんじられないだわさ～
ああああああ
それ、大《だい》すきなケーキ。むざんなすがただ

ぶっ。食《た》べわすれ？さては、つめこみすぎでケーキがれいぞうこの中《なか》でまい子《ご》になっていたのかな？
うううう
つめこんでいると、どこに何《なに》があるかがわからないから、食品《しょくひん》がむだになりやすいの
もったいないだわさ
たしかに
しかも、食品《しょくひん》がたくさんつめこまれていると、ひやすのにはそれだけ多《おお》くの電力《でんりょく》を使《つか》うのよ
れいぞうこの電力《でんりょく》じじょう
あかりのように、こまめにスイッチをつけたり消《け》したりはできません。
電《でん》げんは入《い》れっぱなしのためずっと電力《でんりょく》を使《つか》いつづけています。
ドアを何度《なんど》も開《あ》けるとれいぞうこの中《なか》の温度《おんど》が上《あ》がり、またひやすためによけいに電力《でんりょく》を使《つか》います。
つめこみすぎると、すみずみまでひえた空気《くうき》が行《い》きわたらず、れいぞうこの中《なか》をひやすのに、より多《おお》くの電力《でんりょく》がひつようになります。
電力《でんりょく》をたくさん使《つか》って食品《しょくひん》をごみにするのはエコじゃないだわさ

そのごみをもやすのにも
たくさんのエネルギーを使《つか》うしね
ようするに、
つめこみすぎは、
食品《しょくひん》も電力《でんりょく》もむだに
するってことだわさ
エゴちゃん、
これから、
どうしたら
いいと思《おも》う？
う〜ん、どの食品《しょくひん》を
れいぞうこに入《い》れるか
たしかめるとか……
それから？
食《た》べる分《ぶん》だけ
買《か》ってくるとか……
そうそう、
それはいい考《かんが》えね。
食《た》べわすれてダメにする
こともないわね
バター
クッキー
みそ
おいしい
エビピラフ
はい。じゃ、とりあえず、
大家《おおや》さんちに
食品《しょくひん》をひなんで、
よろしくおねがいします

ちょっと、これ、
どういうことですか！
つめこみすぎ！
みそ
ひやしすぎると
あまみが弱《よわ》まるよ

あ、すまん、すまん。
今年《ことし》はじめての
スイカがあったもんで
つい買《か》ってしまったのよ
ぎょっ

大家《おおや》さんのつぶやき
わしのスイカ、
わしのスイカ、
わしのスイカ
大家

おうちの方へ

家庭におけるエネルギー消費量の内訳を見ると、冷蔵庫と照明器具の値が大きくなっています。冷蔵庫は頻繁に買い替える製品ではなく、長くお使いのご家庭も多いでしょう。最近の冷蔵庫は消費電力がぐっと抑えられているだけでなく、ノンフロンといった環境に配慮した製品が数多くあります。買い替える際は、統一省エネラベルをぜひご確認ください。ただ、いくら省エネ製品を使用しても、使い方次第です。熱い物をそのまま入れたり、パッキンがゆるんだまま使用したりすると意味がありません。食品を奥にしまい込むことなく見やすい収納を心がけ、長時間ドアを開けないようにしましょう。なお、冷凍庫は詰め込んでも冷凍した食品が保冷材のような役割をするため、問題はありません。

世界《せかい》の子《こ》どもたち❷

電気《でんき》が使《つか》えない生活《せいかつ》をする子《こ》ども

スイッチを入《い》れればすぐに明《あか》るくなる日本の夜《よる》。ところが、世界《せかい》では電気《でんき》が使《つか》えない地《ち》いきで生活《せいかつ》する子《こ》どもがたくさんいる。それらの地《ち》いきでは発電所《はつでんしょ》をつくったり、それを動《うご》かしつづけたりするためのお金《かね》がないんだよね。そのため、とう油《ゆ》をもやすランプを使《つか》う。そのけむりはけんこうに悪《わる》く、やけどや火事《かじ》の心配《しんぱい》もある。そこで活《かつ》やくし始《はじ》めたのが、ソーラーランタン。太陽《たいよう》の光《ひかり》のエネルギーで発電《はつでん》するんだ。太陽《たいよう》の光《ひかり》にはお金《かね》がかからないし、だれでも利用《りよう》できる。しかも安全《あんぜん》。けむりは出《で》ない。さて、ソーラーランタンは、みんなにとっても、役《やく》に立《た》つ。たとえばさいがいで電気《でんき》が通《つう》じなくなったときや、山《やま》や海《うみ》に出《で》かけたとき。ふだんから、庭《にわ》やげんかんのあかりとして、使《つか》うこともできるよ。

エコクイズ②

しょうみきげんがついている物《もの》はど～れだ？

次《つぎ》の中《なか》から、しょうみきげんがついている物《もの》を調《しら》べて、えんぴつでぬろう！

しょうみきげん　おいしく食《た》べられるきげんのこと。
その日《ひ》をすぎてもすぐに食《た》べられなくなるわけではない。

豆知《まめち》しき

しょうひきげん　ついている日《ひ》づけまでは安全《あんぜん》に食《た》べられるきげんのこと。
いたみやすい物《もの》につけられているよ。

＊開《あ》けてしまった物《もの》や食《た》べかけた物《もの》はきげんにかかわらず、すぐに食《た》べきろう！

答《こた》えは 107 ページにあります。

第《だい》6話《わ》 川《かわ》のよごれ

くさっ。川《かわ》がにおうぞ
ぷ〜ん
あっ
こんにゃちふぁ〜（こんにちは）
エゴにゃん、こんにゃちふぁ〜
やめやめやめ。ふつうに話《はな》すだわさ
強子《きょうこ》の友《とも》だち
子《こ》どもエコクラブのメンバー
にやり
さもないとこれで鼻《はな》をつまむぞ〜
こらこら。たしかにいつもより、におうね。わたしは、川《かわ》の研究《けんきゅう》をしている川辺《かわべ》だよ
川《かわ》ばあさん？ちがった、川辺《かわべ》さん、何《なん》でこの川《かわ》、におうの？

さっきまで大雨《おおあめ》だっただろう。それで、よごれが川《かわ》に流《なが》れこんだからだよ
よごれ？ 何《なん》で？ 雨《あめ》がふれば川《かわ》の水《みず》がふえて、びゃ〜っと流《なが》れるからきれいになるんじゃないの？
そう考《かんが》えるんだね。だけど、この川《かわ》、きれいかい？
とはいえない……
では、せつ明《めい》するとしよう。みんな、下水道《げすいどう》かんを知《し》っているかい？
はい。家《いえ》や工場《こうじょう》などから出《で》る汚水《おすい》（よごれた水《みず》）を流《なが》すんですよね

その下水道《げすいどう》かんを通《とお》って汚水《おすい》は下水処理場《げすいしょりじょう》にたどりつき、そこできれいにされてから川《かわ》に流《なが》される
そのとおり。ところが、このあたりの下水道《げすいどう》かんには汚水《おすい》だけでなく、雨水《あまみず》も流《なが》れこむんだ
下水道《げすいどう》かんの中《なか》は、汚水《おすい》と雨水《あまみず》のミックスジュースみたいなものか……
スーパー
汚水《おすい》
汚水《おすい》
汚水《おすい》
雨水《あまみず》
汚水《おすい》
たとえが……
びみょう〜
だから、大雨《おおあめ》がふると、下水道《げすいどう》の水《みず》が一気《いっき》にふえてしまう。一方《いっぽう》、下水処理場《げすいしょりじょう》が引《ひ》き受《う》けられる水《みず》の量《りょう》は決《き》まっているから、それをこえる分《ぶん》は、川《かわ》にすてるしかない
下水処理場《げすいしょりじょう》
雨水《あまみず》
汚水《おすい》

ほら、あれがそうだ
ぐえ〜。それでくさいのか
しかも何《なん》だか黒《くろ》いものが川《かわ》にういているだわさ
スカムといってね。川《かわ》にたまったよごれのかすがうかんだものさ
ひょえ〜。きったない！どうにかなんないの？
雨水《あまみず》をべつに流《なが》せばいいだわさ
おっ、いいところに気《き》がついたね。そこで最近《さいきん》は、汚水《おすい》と雨水《あまみず》を始《はじ》めからべつに流《なが》すようにしている
下水処理場《げすいしょりじょう》
汚水《おすい》
きれいにした水《みず》
雨水《あまみず》
川《かわ》

じゃ、ここもやれば いいじゃんか
そうしたいところだが、お金《かね》もかかるし、下水道《げすいどう》かんは地下《ちか》にあるから工事《こうじ》がたいへんなんだよ
でも、あれは こまるぞ、あれは！
そりゃそうだ。そこで、流《なが》れのとちゅうに、ごみをこしとるスクリーンを取《と》りつけたり、一時的《いちじてき》に水《みず》をためるしせつをつくったりして、川《かわ》がよごれないようにくふうはしているんだよ
みんなにもきょう力《りょく》できることがあるよ
家庭《かてい》から出《で》る水《みず》をなるべくよごさずにくらしてほしいんだ
そんなこといったって うんちやおしっこは だれでもするぞ！流《なが》すぞ！
あんたね、水《みず》のよごれは そればっかりじゃないだわさ

このリーフレットをよく読《よ》んで、できることから、やっておくれ
エコの取《と》り組《く》み
調味料《ちょうみりょう》をかけすぎることなく食《た》べきれる分《ぶん》だけ使《つか》う。
食器《しょっき》にのこった油《あぶら》はふき取《と》る。
トイレットペーパーはひつような分《ぶん》だけ使《つか》う。
石《せっ》けんやシャンプーも使《つか》いすぎない。
家庭《かてい》から出《で》る主《おも》な水《みず》のよごれ
台所《だいどころ》
食器《しょっき》についた油《あぶら》やそれを落《お》とすせんざい、すすぎ水《みず》、しょう油《ゆ》やマヨネーズなどの調味料《ちょうみりょう》。
トイレ
トイレットペーパーのかす。
せんめん所《じょ》やふろ場《ば》
石《せっ》けんかすやシャンプーのすすぎ水《みず》。

エゴちゃんのつぶやき
おおおっと
いつものくせで
やってしまった！

おうちの方へ

川を汚す原因として、かつては工場からの排水が問題になりましたが、規制が強まり、現在では家庭から出る生活排水が７～８割を占めているといわれています。しかし、下水道の普及率はいまだに80%を超えず、地域によっては20%に満たないところもあります。自宅で浄化槽を設置している場合でも、単独処理浄化槽ではし尿以外の生活雑排水がそのまま流されるため、それらも処理できる合併処理浄化槽への転換が推進されています。一方、下水道が整備されていても合流式下水道では、一定量の雨が降ると下水処理能力を超えてしまうため、生活排水を含んだままの雨水をそのまま川に流します。ご家庭でできる水を汚さない取り組みを、しっかり行うことが求められています。

第《だい》7話《わ》 スペースデブリ

くりごはん、ごちそうさまでした
デザートにぶどうでも食《た》べましょうかねえ
すっかり秋《あき》って感《かん》じだなあ
十五夜《じゅうごや》も終《お》わったしね
十五夜《じゅうごや》はだんごだけ食《た》べてねたな……
あっ！流《なが》れ星《ぼし》！
どこ？
ざんねんだったねえ。もう、消《き》えちゃったよ
ほんとに流《なが》れ星《ぼし》だかどうだか……。スペースデブリかもしれないだわさ
ふん

人工衛星《じんこうえいせい》の使《つか》い道《みち》

人工衛星《じんこうえいせい》とは、人《ひと》が生活《せいかつ》に役《やく》立《だ》てるためにつくり、うちゅうに送《おく》って利《り》用《よう》している物《もの》。

れい

★天気《てんき》よほうのために雲《くも》などをかんさつする。

★ひこうき、自動車《じどうしゃ》、船《ふね》や魚《さかな》がどこにいるのかを知《し》る。

★水《みず》やにさんかたんそなどをはかり、地球《ちきゅう》のかんきょうを知《し》る。

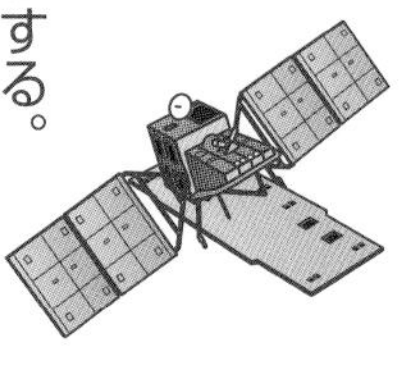

スペースデブリは地球《ちきゅう》のまわりをぐるぐる回《まわ》っているんだ
ええっ。何《なん》で回《まわ》りつづけるの？

人工衛星《じんこうえいせい》とスペースデブリが回《まわ》る仕組《しく》み

①ゆるくボールを投《な》げると、近《ちか》くに落《お》ちる。

②①よりも速《はや》く投《な》げると少《すこ》し遠《とお》くまでとんで落《お》ちる。

③もっと速《はや》く、新《しん》かん線《せん》の100倍《ばい》ほどのスピードで投《な》げると、地球《ちきゅう》を1しゅうする。

きどう

そして、落《お》ちずに回《まわ》りつづける。その道《みち》を**きどう**という。

きどうにある物《もの》は、地球《ちきゅう》に引《ひ》っぱられる力《ちから》と、そこから出《で》ようとする力《ちから》が同《おな》じなので、落《お》ちることがない。

キドウガ
ヒクイト
オチルモノモ、
アリマス

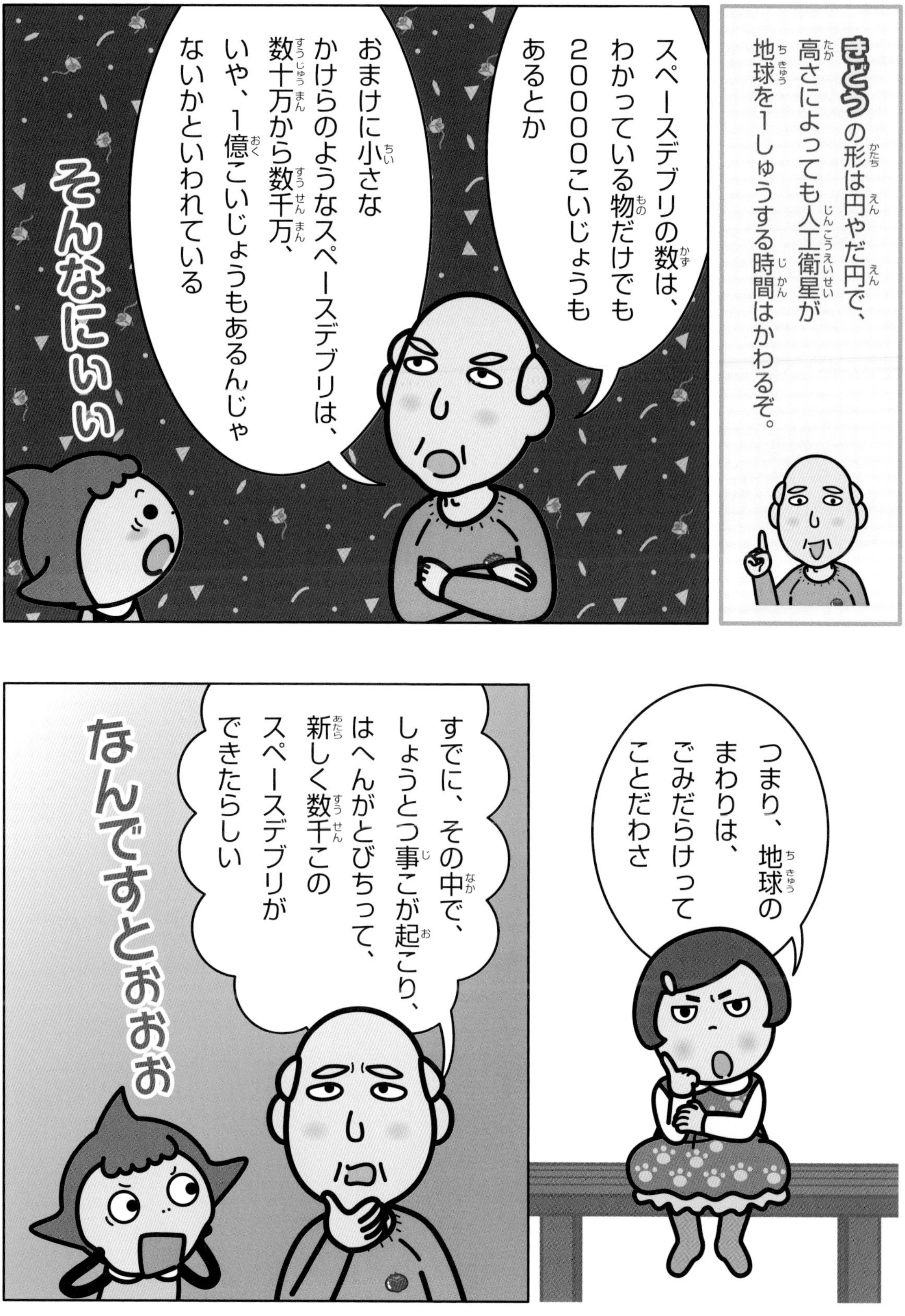
きどうの形《かたち》は円《えん》やだ円《えん》で、高《たか》さによっても人工衛星《じんこうえいせい》が地球《ちきゅう》を1しゅうする時間《じかん》はかわるぞ。
スペースデブリの数《かず》は、わかっている物《もの》だけでも20000こいじょうもあるとか
おまけに小《ちい》さなかけらのようなスペースデブリは、数十万《すうじゅうまん》から数千万《すうせんまん》、いや、1億《おく》こいじょうもあるんじゃないかといわれている
そんなにいい
つまり、地球《ちきゅう》のまわりは、ごみだらけってことだわさ
すでに、その中《なか》で、しょうとつ事《じ》こが起《お》こり、はへんがとびちって、新《あたら》しく数千《すうせん》このスペースデブリができたらしい
なんですとおおお

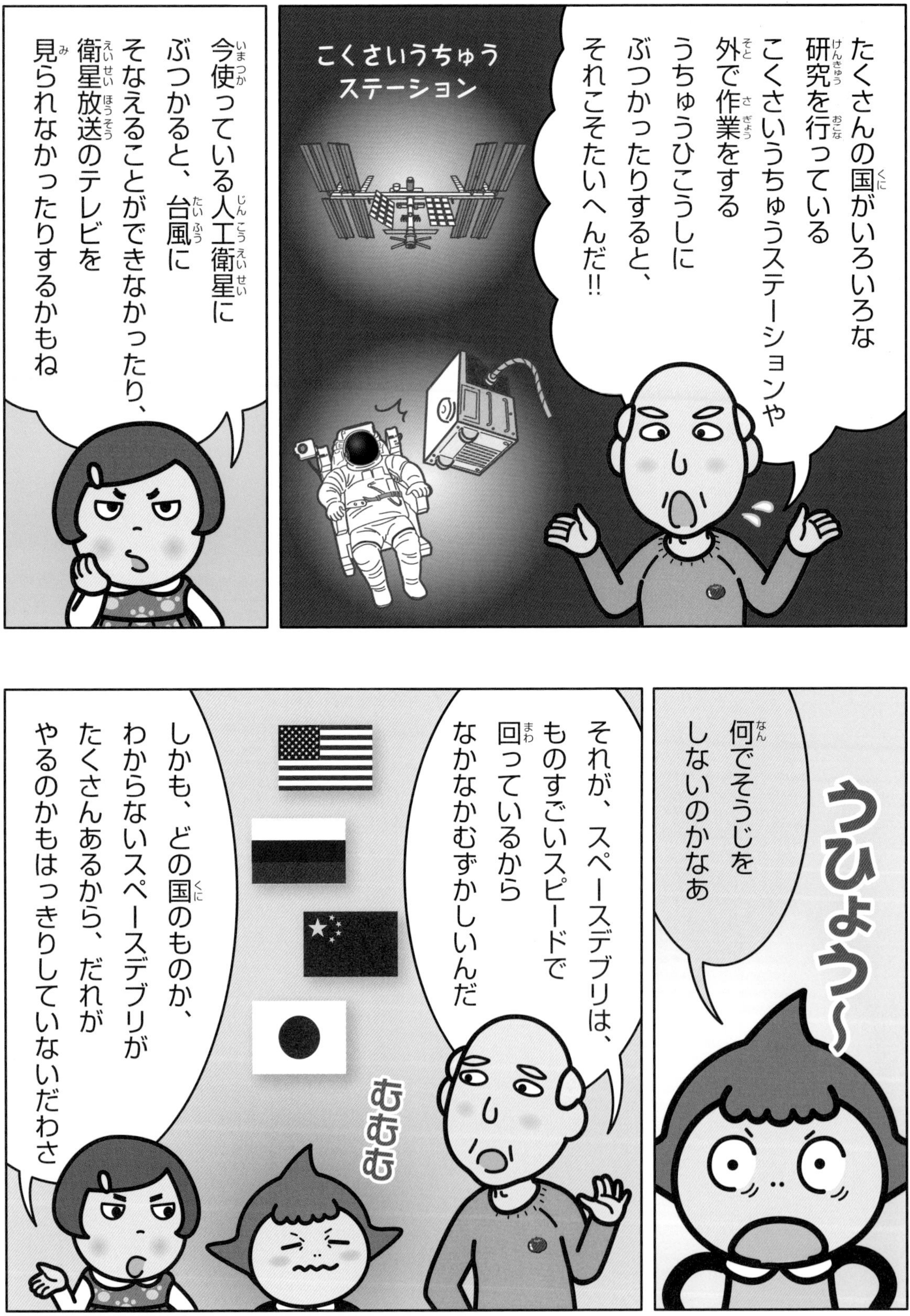
たくさんの国《くに》がいろいろな研究《けんきゅう》を行《おこな》っているこくさいうちゅうステーションや外《そと》で作業《さぎょう》をするうちゅうひこうしにぶつかったりすると、それこそたいへんだ!!
こくさいうちゅうステーション
今使《いまつか》っている人工衛星《じんこうえいせい》にぶつかると、台風《たいふう》にそなえることができなかったり、衛星放送《えいせいほうそう》のテレビを見《み》られなかったりするかもね
うひょう～
何《なん》でそうじをしないのかなあ
それが、スペースデブリは、ものすごいスピードで回《まわ》っているからなかなかむずかしいんだ
むむむ
しかも、どの国《くに》のものか、わからないスペースデブリがたくさんあるから、だれがやるのかもはっきりしていないだわさ

スペースデブリそうじの研究《けんきゅう》は、日本でもすでに始《はじ》まっています。

今後《こんご》も人工衛星《じんこうえいせい》はどんどん打《う》ち上《あ》げられるそうだから、世界中《せかいじゅう》できょう力《りょく》してごみを何《なん》とかせんとな
空《そら》の向《む》こうにもごみ問題《もんだい》が起《お》こっていたとは……

エゴちゃんのつぶやき
スペースデブリかんそくにちょうせん！
おじゃまかしら〜

おうちの方へ

スペースデブリに関しては、国連宇宙空間平和利用委員会（COPUOS）で、スペースデブリを低減するためのガイドラインが作成されています。日本では主に、JAXA（宇宙航空研究開発機構）がロケットや衛星などからスペースデブリを発生させない技術や、スペースデブリを大気圏に突入させて燃やすなどのスペースデブリ除去技術を研究しています。

一方、スペースデブリではありませんが、国際宇宙ステーション(ISS)は肉眼でも観測できます。国際宇宙ステーションは高度400kmで、周期は約90分、秒速7.7kmです。国際宇宙ステーションはサッカー場ぐらいの大きさで、１等星よりも明るく見えます。ご覧になりたい場合は、「＃きぼうを見よう」で検索してみてください。

第《だい》8話《わ》 フードドライブ

ありゃりゃりゃ
食《た》べ物《もの》がいっぱい
もも
さば
ポテト
ラーメン
パスタ
ジャム
かぼちゃスープ
ねえ、ねえ、今日《きょう》は何《なん》のイベント？
あら、エゴちゃん。「フードドライブ」よ
フードって？
食《た》べ物《もの》のことよ
わかった！これ、全部《ぜんぶ》持《も》って、車《くるま》でお出《で》かけするんだね！
たら～
そうじゃなくてね、みなさんから持《も》ってきてもらったこの食《た》べ物《もの》をきふして、ひつようとしている人《ひと》たちにとどけてもらうのよ

ひつようとしている人《ひと》？おかしとか、カップめんが買《か》えない人《ひと》がいるの？
そう。この国《くに》では、だいたい、6人《にん》に1人《ひとり》がまずしいといわれていて、ごはんがおなかいっぱい食《た》べられない子《こ》どももいるの
そんな人《ひと》、まわりで見《み》たことないよ
うっそ～
そうね。たしかに、ぱっと見《み》ただけではわからないかもしれないわね

参考：総務省統計局人口推計 / 厚生労働省「2019 国民生活基礎調査の概要」

ふうん。で、その人《ひと》たちのために、食《た》べ物《もの》を集《あつ》めているの？
ええ。それにこれは、エコ活動《かつどう》にもなるの
食《た》べ物《もの》を集《あつ》めるのがエコ？
そう。これらの食《た》べ物《もの》は、まだ食《た》べられるのにそれぞれのおうちであまってしまっている物《もの》なのね

あまっているってどういうこと？
食《た》べわすれていた物《もの》や、しまいこんでいた物《もの》とか……。それから、うちにあるのに、また買《か》ってしまった物《もの》などよ

あれ、これ、おみやげでもらったんだわ
やだ〜、また買《か》っちゃった！

こんなところにしまってあった

実《じつ》は、日本で利用《りよう》されずにすてられる食品《しょくひん》は1年間《ねんかん》に家庭《かてい》から出《で》る物《もの》だけでも100万《まん》トンをこえるのよ！
1850万人《まんにん》ほどが1年間《ねんかん》に食《た》べる米《こめ》の量《りょう》と同《おな》じだけ出《で》るぞ！
そりゃ、もったいない
ぎょっえ—
しかもそれだけのごみをしょりするのはたいへんよね

参考：令和元年度食品廃棄物等の発生抑制及び再生利用の促進の取組に係る実態調査（環境省）
食料需給表（農林水産省）

だから、食《た》べ物《もの》を集《あつ》めてひつような人《ひと》に食《た》べてもらうのか
そうなのよ。食《た》べてもらえれば、食《た》べ物《もの》も本来《ほんらい》の役《やく》わりをはたせるし、その分《ぶん》、しょりするごみもへるからエネルギーのせつやくにもなるでしょう
ねえ、これ見《み》て。きっとハロウィンの時《とき》のおかしよね。これなんか子《こ》どもによろこばれそうね
うん。たしかにエコだ
さば
かぼちゃスープ
うん
実《じつ》は、私《わたし》もずいぶん前《まえ》にたくさんいただいたそうめんがあったから持《も》ってきたの
そういえばうちにもあったかも……
そうめん
うどん
ポテト
さば
冬《ふゆ》にそうめん？
あら、そうめんはあたたかくしてにゅうめんとして食《た》べられるのよ

ただ、うちでは
しょうみきげん
（その日《ひ》まではおいしく
食《た》べられる）を考《かんが》えると、
食《た》べきれそうもないから
フードドライブ
しようと思《おも》って
おぼえておく
しょうみきげんね
エゴちゃんも
家《いえ》に帰《かえ》ったら、
ちょいちょいっと
食《た》べ物《もの》のしょうみきげんを
チェックしてみてね

しょうみきげんが
切《き》れていたら？
ざんねん。
そういった食《た》べ物《もの》は
あずかれないわ
かぼちゃスープ
ジャム

こちらもチェック

さいがい用《よう》の
かんづめや
レトルト食品《しょくひん》も
しまいこんだままだと
しょうみきげんが
近《ちか》づいている物《もの》があるよ。

水
水
パン
わかめごはん
カレー

あずかれない食《た》べ物《もの》のれい

- ×しょうみきげんが書《か》かれていない物《もの》や しょうみきげんが1か月《げつ》を切《き》っている物《もの》
- ×開《あ》けられてしまった物《もの》
- ×生《なま》の物《もの》
- ×お酒《さけ》

よろこばれる食《た》べ物《もの》のれい

- ○かんづめ
- ○フリーズドライ食品《しょくひん》
- ○インスタント食品《しょくひん》
- ○レトルト食品《しょくひん》
- ○調味料《ちょうみりょう》
- ○米《こめ》
- ○パスタ
- ○おかし

かんづめ1こでもいいの?
もちろんよ

ただ、おうちで食《た》べる予定《よてい》があるのに、むりに持《も》ってくるひつようはありませんからね

エゴちゃんのつぶやき
フードドライブするどころか何《なに》がどこにあるのかよくわからん
あちゃ〜
エゴ

おうちの方へ

フードドライブは各家庭で余っている食品を職場や学校などに持ち寄ってもらい、フードバンク等に寄付するイベントです。フードバンクは食品企業の製造工程で発生する規格外品や過剰在庫などをいったん引き取って、食料を必要とする施設などに無料で提供する団体であり、日本では2000年以降に次々と設立され、個人の寄付を受け付けているところもあります。公益財団法人流通経済研究所のアンケート調査によると、扱う食品は主に常温加工食品（ドライ）で、次いで農産物・米となっています。受取先は、子ども食堂や生活困窮者支援団体などです。寄付をご希望される場合は、農林水産省のホームページに全国の活動団体の紹介がありますので、ご参照ください。

世界《せかい》の子《こ》どもたち③

きたない水《みず》で命《いのち》を落《お》とす子《こ》ども

主《おも》にアフリカの国《くに》ぐにでは、毎日何時間《まいにちなんじかん》もかけて川《かわ》や池《いけ》、湖《みずうみ》などに歩《ある》いて水《みず》をくみに行《い》く子《こ》どもがたくさんいる。でも、その水《みず》にはどろやばいきんがいっぱい。それでも、それを飲《の》むしかない。世界《せかい》では、毎日何百人《まいにちなんびゃくにん》もの子《こ》どもが、きたない水《みず》のために病気《びょうき》になって死《し》んでしまうんだって。みんなは家《いえ》でも学校《がっこう》でも水道《すいどう》があれば、いつでもきれいでそのまま飲《の》める安全《あんぜん》な水《みず》がたっぷり使《つか》える。そのためか、日本人は昔《むかし》にくらべて水《みず》をたくさん使《つか》うようになった。その１つがトイレの流《なが》し水《みず》。また、1日《にち》に何度《なんど》もシャワーをあびたり、水《みず》を出《だ》しっぱなしのまま、歯《は》みがきをしたり……。だけど、雨《あめ》があまりふらずに川《かわ》やダムの水《みず》がへって、「かっ水《すい》」になると、水《みず》の使用《しよう》をせいげんされることもあるよ。ふだんから水《みず》の使《つか》いすぎには気《き》をつけよう！

エコクイズ③

ネコがつった魚《さかな》はい〜くつ？

それぞれを大《おお》さじ１ぱい（15ミリリットル ）
流《なが》してしまうと、魚《さかな》がすめるぐらいのきれいな水《みず》にするには、
バスタブ（300リットル）で何《なん》ばい分《ぶん》の水《みず》がひつようかな？
正《ただ》しい答《こた》えになるように「●」と「●」をじょうぎを使《つか》って
線《せん》でむすぼう。ネコがつった魚《さかな》は、線《せん》にかからなかった魚《さかな》だよ。
何《なん》びきかな？

油《あぶら》が入《はい》っている物《もの》は
水《みず》がたくさん
ひつようだぞ

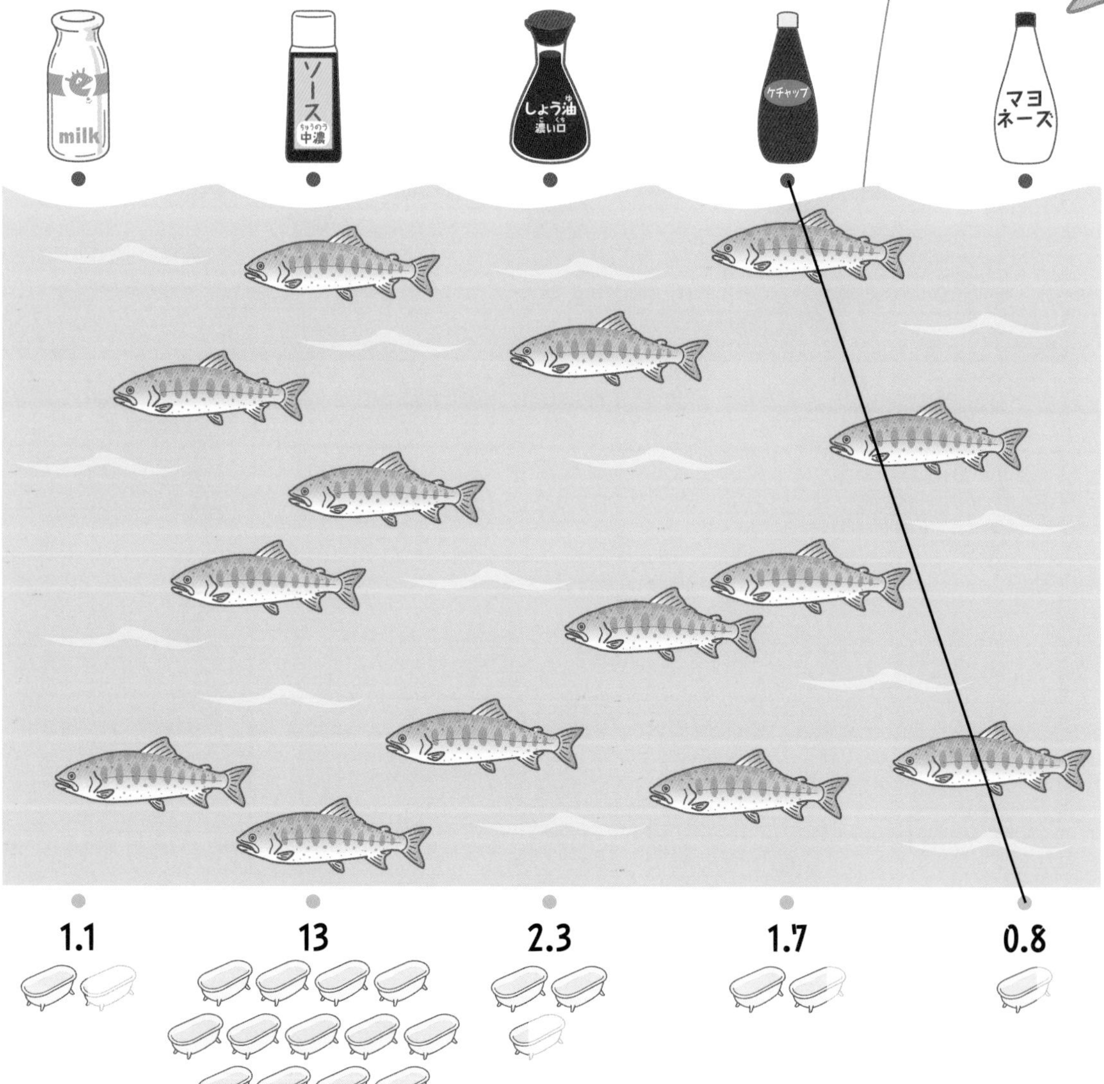
milk
ソース
中濃《ちゅうのう》
しょう油《ゆ》
濃《こ》い口《くち》
ケチャップ
マヨネーズ
1.1
13
2.3
1.7
0.8

出典：東京都環境局　キッズページ　自然をまもろう！

答《こた》えは108ページにあります。

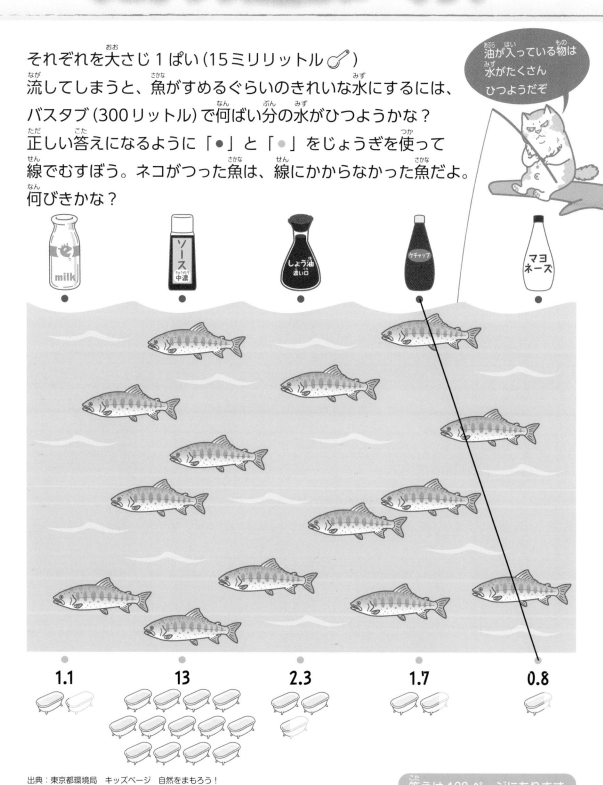

第《だい》9話《わ》 小《こ》型《がた》家《か》電《でん》のリサイクル

ブオ
パン!
ひぇ〜、火《か》事《じ》!?
何《なん》だよ、このドライヤー。こわくてもう、使《つか》えない。すてに行《い》こうっと
カン
小型家電《こがたかでん》
うん?
何《なん》だ?

うわっ
小型家電《こがたかでん》
ン
だれか～ うぐぐっ
わしじゃ わしじゃよ、大家《おおや》じゃ
じたばた
およっ。ほんとだ！ いつから どろぼうに なったの？
ちが～う。ぎゃくだ。みんなが出《だ》したごみが どういうわけか 消《き》えるので、こっそり 見《み》はっているんだよ
こっそりって、丸見《まるみ》えだし、大家《おおや》さんの方《ほう》が よっぽど、あやしいぞ
そうか～。で、おまえさんは 何《なに》を持《も》って来《き》た？
カン
たんていの つもり

ドライヤー
よし、それじゃ、この小型家電《こがたかでん》せん用《よう》のボックスに入《い》れてくれ
小型家電《こがたかでん》
およっ
小型家電《こがたかでん》は他《ほか》のごみと分《わ》けて回《かい》しゅうしなくてはいけないんだ

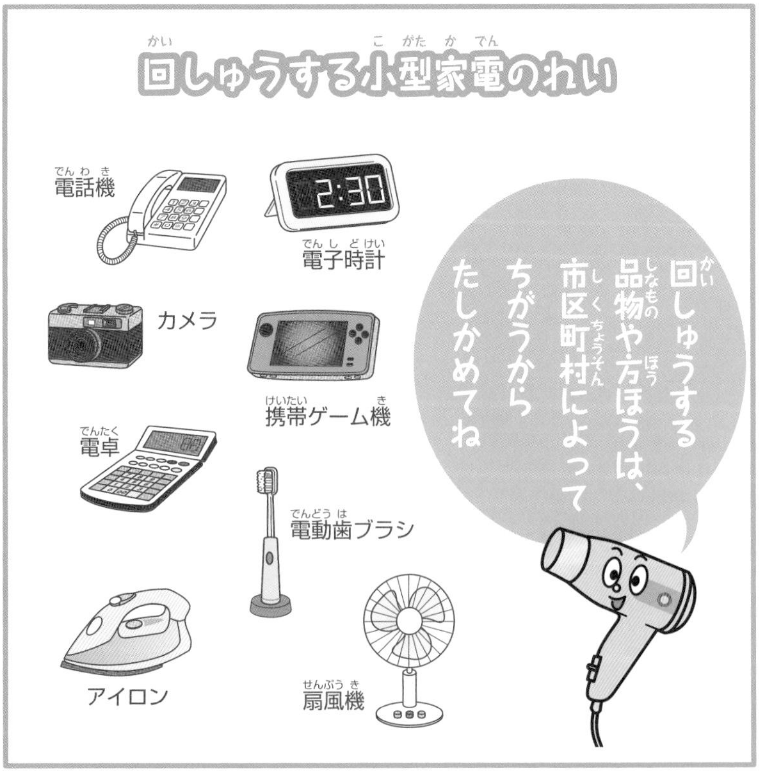
回《かい》しゅうする小型家電《こがたかでん》のれい
回《かい》しゅうする品物《しなもの》や方《ほう》ほうは、市区町村《しくちょうそん》によってちがうからたしかめてね
電話機《でんわき》
2:30
電子時計《でんしどけい》
カメラ
携帯《けいたい》ゲーム機《き》
電卓《でんたく》
電動歯《でんどうは》ブラシ
アイロン
扇風機《せんぷうき》

金《きん》ぞくを取《と》り出《だ》して、リサイクルするんだよ
へぇぇ。何《なん》でまた?

そう。こういった小型《こがた》家電《かでん》にも、金《きん》、銀《ぎん》、銅《どう》やアルミニウム、そして、とても少《すこ》ししかないレアメタルとよばれるニッケルやマンガンといった金《きん》ぞくが使《つか》われている
金《きん》ぞく?
金《きん》ぞく
ふうん
しかしだ。それらは、日本ではほとんどとれず、外国《がいこく》から買《か》っているんだ
中華人民共和国《ちゅうかじんみんきょうわこく》
南《みなみ》アフリカ共和国《きょうわこく》
オーストラリア
インド
まあ、日本になくて、ひつようなら、買《か》うしかないよね
いやいやいや。全《すべ》ての国《くに》が同《おな》じように金《きん》ぞくを使《つか》うとなったら、日本は買《か》いつづけることができないし、金《きん》ぞくだってそのうち、とりつくされてしまうかもしれん
家電《かでん》
それはまずい!
そこで、すてられる家電《かでん》の中《なか》から、それらの金《きん》ぞくを取《と》り出《だ》してまた使《つか》おうとしているんだ。そうすれば金《きん》ぞくのせつやくにもなる

84400000000円
それに、日本の小型家電《こがたかでん》の中《なか》にねむっている金《きん》ぞくは、お金《かね》にすると、な、な、なんと844億円《おくえん》ほどにもなる！
大《おお》ざっぱに言《い》うと、東京《とうきょう》スカイツリーが2本《ほん》たつ金《きん》がくだよ。

出典：環境省　エコジン　2017年度10、11月号

ぎょっえ～。それじゃ、ただのごみにするなんて、とんでもないね
だからきちんと回《かい》しゅうすることになったんだが、どうも、しげんになるごみを勝手《かって》に持《も》ちさるやつがいるらしい
何《なん》で？
さあ。どこかに売《う》ってお金《かね》をかせいでいるのかもしれないな
小型《こがた》家

とにかく、横取《よこど》りされないために、わしがこうして見《み》はっているわけだ
そうか。大事《だいじ》なしげんだもんね。だけど丸見《まるみ》えじゃあ見《み》はりの意味《いみ》ないじゃん
むむむむむ
それなら、あそこのしげみにかくれて見《み》はろうよ

エゴちゃんのつぶやき
しげん見《み》はりは
楽《らく》じゃない
寒《さむ》い、寒《さむ》い
とにかく寒《さむ》い
エゴ

おうちの方へ

使用済み小型家電はリサイクルできるさまざまな金属を含むため、「都市鉱山」ともいわれています。2012年に施行された小型家電リサイクル法の目的は、レアメタルを含む資源の確保、有害物質を含む小型家電の適切な処理、廃棄物の削減と最終処分場の延命です。2013年度の回収量は約２万４千トンでしたが、2018年度には約10万トンにまで増えました。また、「都市鉱山からつくる！ みんなのメダルプロジェクト」では、2017年４月から2019年３月の期間で、金・銀・銅合わせて約5000個のメダルに相当する金属が集まりました。小型家電の回収方法や回収品目については市区町村によって異なるため、ご不明な場合は市区町村へ直接お問い合わせをお願いします。

第《だい》10話《わ》 大豆《だいず》

おには外《そと》〜
福《ふく》は内《うち》〜
てっ
ん、もうー 豆《まめ》をまくなら、通行人《つうこうにん》のめいわくにならないようにやってよ
おや〜、おやおや これ、何《なん》だ?
こんばんは〜
エゴちゃん、入《はい》って、入《はい》って
おには外《そと》〜
おには外《そと》〜
おには外《そと》〜
おには外《そと》〜
へんでしょう。二人《ふたり》そろっておにになって、ぶつけ合《あ》っているのよ。だから、エゴちゃんは「福《ふく》は内《うち》」をおねがいね
うん……
と言《い》いたいところだが

おには外《そと》〜
おには外《そと》〜
いてっ
あなたたち、
いいかげんに
して!!
だれがそうじすると
思《おも》っているの!?
ばあさんが
キレた!
ぎょっ

豆《まめ》まきって悪《わる》いものをやっつけるんだから、せい大《だい》にやったほうがいいじゃんか
ま、まあな……。だが、豆《まめ》をせい大《だい》にまけるのも、今《いま》のうちかもしれん
＝病気《びょうき》やわざわいを表《あらわ》す。
へ？
この豆《まめ》は何《なん》という豆《まめ》か知《し》っているか？
大豆《だいず》
そのとおり。そして大豆《だいず》にはいろいろな使《つか》い道《みち》がある

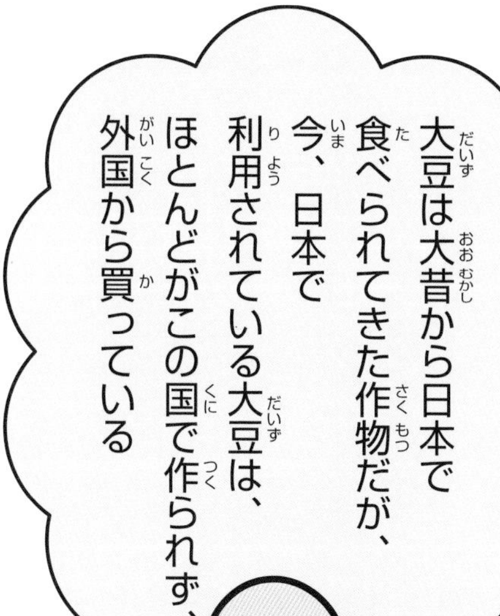
大豆《だいず》は大昔《おおむかし》から日本で食《た》べられてきた作物《さくもつ》だが、今《いま》、日本で利用《りよう》されている大豆《だいず》は、ほとんどがこの国《くに》で作《つく》られず、外国《がいこく》から買《か》っている

大豆《だいず》の主《おも》な使《つか》い道《みち》

ゆでたり、にたりしてそのまま食《た》べる。
なっ豆《とう》や豆《とう》ふ、しょう油《ゆ》やみその原料《げんりょう》になる。
しぼって食用油《しょくようあぶら》やマヨネーズ、マーガリンの原料《げんりょう》になる。
家《か》ちくのえさになる。

大豆油
みそ
みそ
しょう油
マヨネーズ
マーガリン

日本で作《つく》られる大豆《だいず》の量《りょう》がのびなやんでいる主《おも》な理由《りゆう》

- 日本の気《き》こうでは大豆《だいず》が育《そだ》てにくく年《とし》によってとれたり、とれなかったりする。
- 農家《のうか》1けん当《あ》たりの畑《はたけ》がせまくとれる量《りょう》が少《すく》ないので、なかなか買《か》い取《と》ってもらえない。
- 外国《がいこく》から安《やす》いねだんで大豆《だいず》や大豆《だいず》の加工品《かこうひん》が入《はい》ってくるため日本の大豆《だいず》が売《う》れなくなった。

なんですとぉぉぉ

一方《いっぽう》、大豆《だいず》は世界《せかい》でも食用油《しょくようあぶら》やねんりょう、家《か》ちくのえさとして大人気《だいにんき》！ほしがっている国《くに》がたくさんあるんだよ
ほぉ〜、そんなジジョウがあったのか
そりゃ、知《し》らなかった！
じゃあ、みんなで大豆《だいず》を取《と》り合《あ》って日本に入《はい》ってこなくなったらどうするだわさ
食用油《しょくようあぶら》をはじめ、なっ豆《とう》や豆《とう》ふのねだんが高《たか》くなったり、しょう油《ゆ》が手《て》に入《はい》りにくくなったりするかもなあ

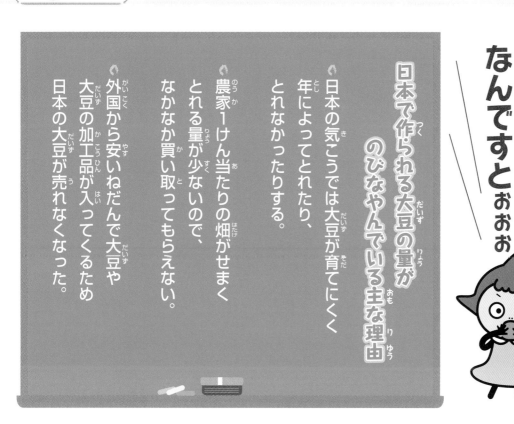

和食《わしょく》がピンチになるだわさ

マメ知《ち》しき

大豆《だいず》をさいばいするために
世界《せかい》では、生《い》き物《もの》がたくさん
すんでいる森《もり》を切《き》り開《ひら》いて
問題《もんだい》になっているところが
あります。
日本ではもっとたくさん
大豆《だいず》がとれるようにぎじゅつや
品《ひん》しゅを研究《けんきゅう》しています。

ひょえええ。じゃあ、豆《まめ》をこんなにぱっぱぱっぱ、まくのはもったいないじゃんか
ごもっとも

あっ、それで、さっきの家《いえ》はこれをまいたんだな
落花生《らっかせい》だわさ
場所《ばしょ》によっては豆《まめ》まきに、落花生《らっかせい》をまくそうだな

落花生《らっかせい》をまく理由《りゆう》は
落《お》ちたものを見《み》つけて
拾《ひろ》いやすいし、からを
むいて中身《なかみ》を食《た》べるから
衛生的《えいせいてき》って聞《き》いたわよ
ただし、落花生《らっかせい》も
日本の物《もの》は少《すく》ないよ！
あっ
じゃあ、
も〜らいっと
落花生《らっかせい》なら、当《あ》たっても
いたくないかな
返《かえ》せ！
いやだね〜
そうじが
楽《らく》かも……
エゴちゃんのつぶやき
落花生《らっかせい》って
ピーナッツ
だったのか！
エゴ

おうちの方へ

豆類全般にはタンパク質のほか、ビタミンB群やカルシウム、リンなどの栄養素がたくさん含まれています。また、白米だけでは不足する必須アミノ酸のリジンが補えることからも、積極的に摂取したい食品です。豆類は一時期１日の摂取量が50グラムほどと落ちこんだこともありましたが、このところまた60グラムを超えるようになりました（厚生労働省国民栄養調査より）。おおむね年齢が上がるほど、豆類は多く摂取されているようです。

さて、皆さんのご家庭では残った福豆はどのように活用されていますか？　食べ忘れてしまう前に炊き込みご飯にするのはいかがでしょうか。食材としての福豆も無駄にならず、栄養価も上がる一品になります。

第《だい》11話《わ》 つめかえせい品《ひん》

あれ
あれれ～もうない
プシュッ
プスプス
あわあわ石けん
そういえば……
ラブリーシャンプー
スーパー
おっ、きみ、きみ
うん？
ぼくは、お客《きゃく》さんの買《か》い物《もの》エコ調《ちょう》さをしているんだけれど、きょう力《りょく》してくれないかな？
買《か》い物《もの》エコ調《ちょう》さ？

うん。きみといっしょにスーパーを回《まわ》って、どんな物《もの》を買《か》うのかチェックしたいんだ
べつにいいけど……。ついてくれば?
ありがとう。それでは実《じっ》きょう中《ちゅう》けいを始《はじ》めるね
ぎょっ、テレビ
LOVE CAT
はい、スタート
さあ、みなさん、「買《か》い物《もの》エコチェック」の時《じ》間《かん》です。今《こん》回《かい》は、こちらのお子《こ》さんがさんかしてくれます
エコチェック
LOVE CAT
それではさっそく、お買《か》い物《もの》をしていただきましょう
エコチェック

￥400
おっ、イチゴを買《か》うのかな？
エコチェック
ちっちゃいドーナツ
ちっちゃいドーナツ
せんべい
チョコレート
choco cake
cookie
cookie
cookie
ポテトチップス
ポテトチップス
ポテトチップス
ポテト
ポテトチップス
子《こ》どもの大《だい》すきなおかしでしょうか？
エコチェック
おや、ここは家庭用品《かていようひん》の売《う》り場《ば》ですね
せんざい
トイレットペーパー
エコチェック
そう。わたしが買《か》うのはまず、これ
ひよこじるしの「あわあわ石《せっ》けん」
ひよこじるし
あわあわ石けん

そして、次《つぎ》に
ラブリーシャンプー、
ミラクル
コンディショナー
ミラクル
コンディショナー
ラブリー
シャンプー
コンディショナーまで
使《つか》っているんだ。
おしゃれですねぇ
キラリン☆
おとめだから
エコチェック
ところで、中身《なかみ》は
いっしょなのに、
あなたはなぜ
こちらのせい品《ひん》を
えらばなかったんですか？
一度《いちど》開《あ》けたら、
使《つか》いにくそうだから
これは、あなたが
手《て》に持《も》っている
ボトルようきが
空《から》になったら、
その中《なか》につめかえて
使《つか》うせい品《ひん》なんですよ
ええええ〜
つめかえ〜、
めんどう

めんどうですか～。つめかえせい品《ひん》を使《つか》えば、2R《ツーアール》というエコに取《と》り組《く》んだことになるんですが……
エコチェック
？
？
2《ツー》R《アール》？
ごみをへらす取《と》り組《く》みです
ボトルようきを使《つか》い回《まわ》すことがリユース。そして使《つか》い回《まわ》す分《ぶん》、新《あたら》しいボトルようきがへらせるので、むだな物《もの》を作《つく》らず、ごみをへらすというリデュースを行《おこな》うことになるんです
Reuse《リユース》
2R《ツーアール》
Reduce《リデュース》
エコチェック
プラスチックは軽《かる》いし、いろいろな形《かたち》にしやすいので、ようきとしてもよく使《つか》われます。その分《ぶん》、ごみがふえるので少《すこ》しでもへらさないといけないんですよ
だから、つめかえられる物《もの》はつめかえて使《つか》うってわけ？
エコチェック
はい。つめかえせい品《ひん》はせんたく石《せっ》けん、台所用《だいどころよう》や住《す》まいのせんざいなどすでにいろいろとお店《みせ》にならんでいて、どんどんふえています
ふうん。つめかえるときにこぼれない？
せんたく石けん
せんたく石けん
せんたく石けん
¥---
やすい
本当《ほんとう》だ
すまいのせんざい
エコチェック

そこは くふうされているから、 むずかしくはないですよ。 それでは、あなたも今日《きょう》から つめかえせい品《ひん》を使《つか》う エコせんげんをして くれますか？
はい。します！
エコチェック
では、あなたには、 このたすきを プレゼントします。 エコせんげんをわすれず 実行《じっこう》してください。 以上《いじょう》「買《か》い物《もの》エコチェック」 でした！
エコチェック
エゴちゃんのつぶやき
エゴのエコせんげん
今日《きょう》から
始《はじ》める
つめかえ生活《せいかつ》
がんばる！
ラブリーシャンプー
ミラクルコンディショナー
あわあわ石けん
エゴ

おうちの方へ

　プラスチックは軽くて便利なこともあり、家庭で消費されるさまざまな容器に使われています。反面、なかなか分解されず、その処理が地球規模で問題となっているのは周知の事実です。1980年代にはプラスチック削減に向けて、洗剤の詰め替え製品が登場しています。ある企業によると、本体10本分に対して、詰め替え製品をほぼ同等量使うと、容器のプラスチックは7割も削減できるそうです。現在、生活用品メーカーでは、企業の垣根を越えて、詰め替え容器をより良くリサイクルできるように研究が進められています。今後、消費者が詰め替え製品をより積極的に使用し、空き容器を回収ボックスなどに投入していくことが、持続可能な容器リサイクルを支えるポイントになります。

世界《せかい》の子《こ》どもたち 4

よぼうせっしゅが受《う》けられない子《こ》ども

はしか（ましん）はかかるとねつが高《たか》くなり、発《ほっ》しんが出《で》て、しょうじょうが重《おも》くなりやすい。はいえんや中耳《ちゅうじ》えん、のうの病気《びょうき》を引《ひ》き起《お》こすこともある。かかった人《ひと》の 1000 人《にん》に 1 人《ひとり》は死《し》んでしまうこわーい病気《びょうき》。しかも、人《ひと》から人《ひと》へうつる力《ちから》が強《つよ》くて、手《て》あらいやマスクをしてもなかなかふせげない。でも、だいじょうぶ。日本ではほとんどの子《こ》どもが、小学校《しょうがっこう》に入《はい》る前《まえ》にはしかのよぼうせっしゅを受《う》けているはず。そのため、インフルエンザのように、はしかがはやることはない。ところが、世界《せかい》ではまだまだよぼうせっしゅが受《う》けられず、そのままおとなになる人《ひと》がいる。おとなになってはしかにかかると、重《おも》くなるといわれているよ。よぼうせっしゅは、いたいからいやだという人《ひと》もいるだろうけれど、受《う》けることで病気《びょうき》にかかりにくく、かかっても軽《かる》くすむんだね。

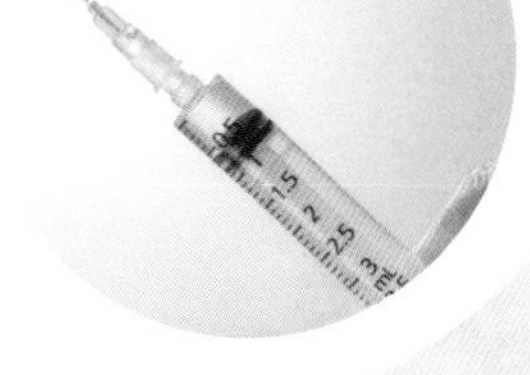

エコクイズ④

エコワードはな～んだ？

おさらいクイズだよ。

カタカナをならべかえてエコワードをかんせいさせよう！

1. 生《なま》ごみをび生物《せいぶつ》に分《ぶん》かいさせて作《つく》るひりょうのこと。

○○○○○

2. 都会《とかい》が暑《あつ》くなること。

○ー○○○○○○ げんしょう

3. むだな物《もの》を作《つく》らないこと。

○○○ー○

答《こた》えは108ページにあります。

エコクイズの答《こた》え

エコクイズ①

ヤギがきらいなものはな～んだ？

ヒント ジグソーパズルがあるよ。
上《うえ》と下《した》で全《まった》く同《おな》じ絵《え》がかかれているピースはどれかな？
そのピースを右《みぎ》の暗号表《あんごうひょう》に当《あ》てはめて
ひらがなを上《うえ》からじゅんに読《よ》むと答《こた》えがわかるよ。

＜暗号表《あんごうひょう》＞

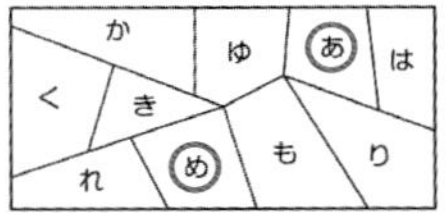

答《こた》え：**あめ（雨）**

かいせつ：上《うえ》の絵《え》とちがうところは、ピンク色《いろ》の丸《まる》でかこっています。

エコクイズ②

しょうみきげんがついている物《もの》はど～れだ？

次《つぎ》の中《なか》から、しょうみきげんがついている物《もの》を調《しら》べて、えんぴつでぬろう！

しょうみきげん おいしく食《た》べられるきげんのこと。
その日《ひ》をすぎてもすぐに食《た》べられなくなるわけではない。

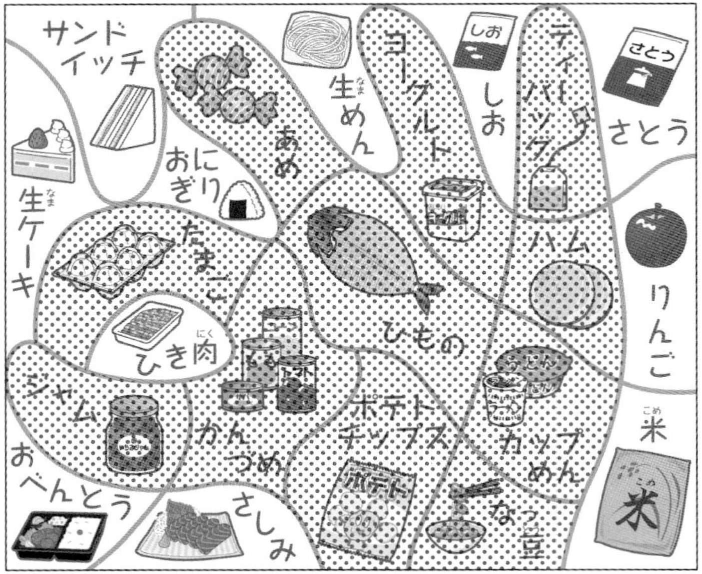

豆知《まめち》しき

しょうひきげん ついている日《ひ》づけまでは安全《あんぜん》に食《た》べられるきげんのこと。
いたみやすい物《もの》につけられているよ。

＊**開《あ》けてしまった物《もの》や食《た》べかけた物《もの》はきげんにかかわらず、すぐに食《た》べきろう！**

答《こた》え：

かいせつ：しょうひきげん→生《なま》めん、サンドイッチ、おにぎり、
生《なま》ケーキ、ひき肉《にく》、おべんとう、さしみ
つけなくてよい物《もの》→さとう、りんご、しお、米《こめ》

エコクイズ④

エコワードはな〜んだ？

おさらいクイズだよ。

カタカナをならべかえてエコワードをかんせいさせよう！

❶ 生《なま》ごみをび生物《せいぶつ》に分《ぶん》かいさせて作《つく》るひりょうのこと。

コ ン ポ ス ト

❷ 都会《とかい》が暑《あつ》くなること。

ヒ ー ト ア イ ラ ン ド げんしょう

❸ むだな物《もの》を作《つく》らないこと。

リ デ ュ ー ス

コ
デ
ス
ド
ト
ユ
ト
ィ
ン
ア
ポ
ラ
ン
リ
ヒ
ス

答《こた》え：①コンポスト　②ヒートアイランド（げんしょう）
③リデュース

エコクイズ③

ネコがつった魚《さかな》はい〜くつ？

これがヒントです
油《あぶら》が入《はい》っている物《もの》は
水《みず》がたくさん
ひつようだぞ

それぞれを大《おお》さじ１ぱい（15ミリリットル）流《なが》してしまうと、魚《さかな》がすめるぐらいのきれいな水《みず》にするには、バスタブ（300リットル）で何《なん》ばい分《ぶん》の水《みず》がひつようかな？正《ただ》しい答《こた》えになるように「●」と「●」をじょうぎを使《つか》って線《せん》でむすぼう。ネコがつった魚《さかな》は、線《せん》にかからなかった魚《さかな》だよ。何《なん》びきかな？

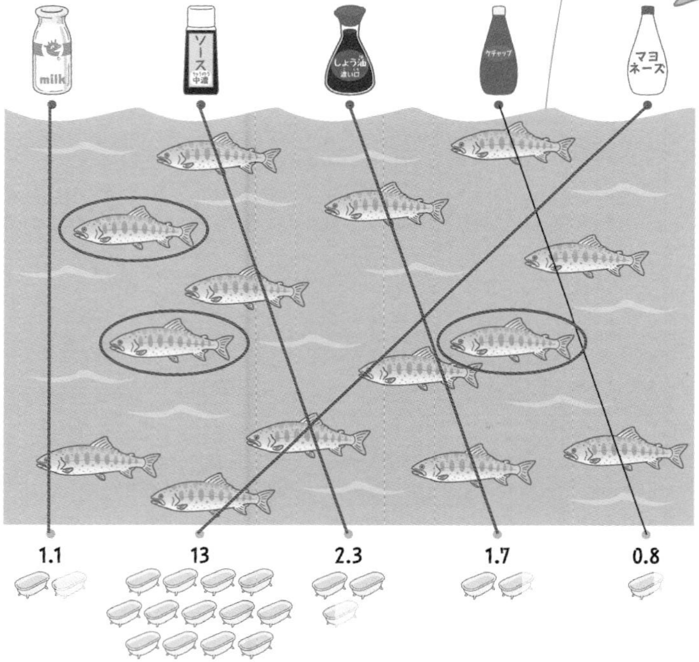
milk
ソース
中濃
しょう油
濃い口
ケチャップ
マヨネーズ
1.1
13
2.3
1.7
0.8

答《こた》え：3びき

・**写真提供**（P53・55・71）：ピクスタ
・**素材提供**（P110）：@PIEBOOKS/PIE International

理科と社会がぐっとすきになる
エコのとびら3

企画・編集　SAPIX環境教育センター
発　行　者　髙宮英郎
印刷・製本　三松堂印刷株式会社
発　行　所　代々木ライブラリー
〒151-0053　東京都渋谷区代々木1-38-9-3階
☎03-3370-7409

②

©SAPIX 2021 Printed in Japan　ISBN978-4-86346-336-3　無断転載、複製、複写（コピー）を禁じます

ふろく 生《い》き物《もの》ピラミッドゲーム

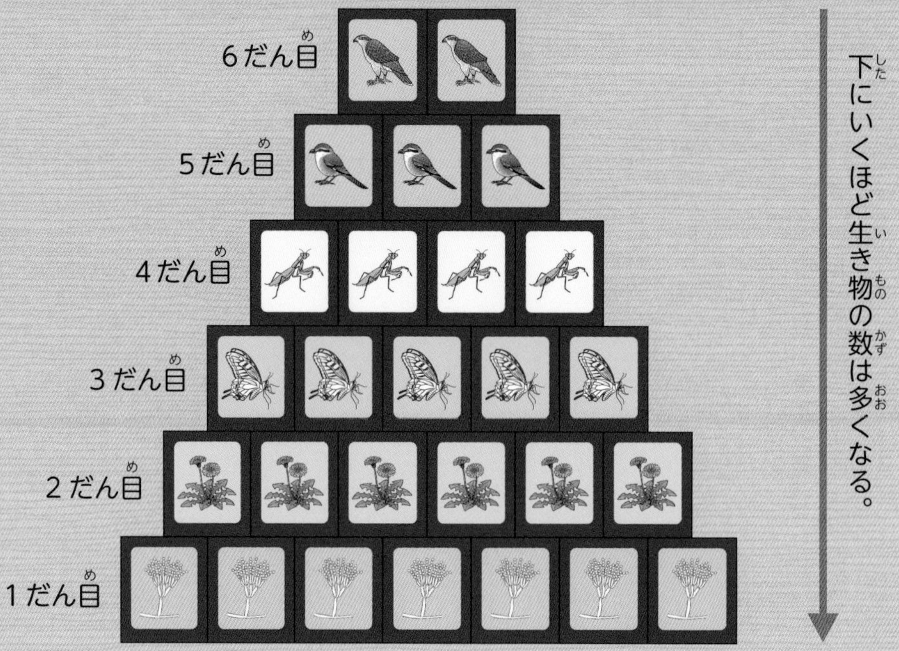
6だん目《め》
5だん目《め》
4だん目《め》
3だん目《め》
2だん目《め》
1だん目《め》
下《した》にいくほど生《い》き物《もの》の数《かず》は多《おお》くなる。

＊しぜんの中《なか》で、それぞれの生《い》き物《もの》が生《い》きていくためには、もっともっとたくさんの生《い》き物《もの》のしゅるいと数《かず》がひつようです。

【生《い》き物《もの》ピラミッドとは】

ピラミッドはかいだんが少《すこ》しずつせまくなりながらつまれています。生《い》き物《もの》ピラミッドは1だん目《め》にいる生《い》き物《もの》の数《かず》がもっとも多《おお》く、上《うえ》にいくほど少《すく》なくなっています。また下《した》のかいだんにいる生《い》き物《もの》は上《うえ》のかいだんにいる生《い》き物《もの》に食《た》べられます。

アオカビといったび生物《せいぶつ》は、動物《どうぶつ》の死体《したい》や落《お》ち葉《ば》などを土《つち》の中《なか》で分《ぶん》かいしてよう分《ぶん》にし、そのよう分《ぶん》でタンポポは育《そだ》ち、タンポポのみつはアゲハチョウにすわれます。アゲハチョウはカマキリに食《た》べられ、カマキリはモズに食《た》べられ、そしてモズはオオタカに食《た》べられるのです。

オオタカは強《つよ》そうに見《み》えますが、実《じつ》はその下《した》のかいだんにいる多《おお》くの生《い》き物《もの》がいないと生《い》きていけないのです。オオタカは、それだけいろいろな生《い》き物《もの》にささえられているといえます。

では、び生物《せいぶつ》がいないとどうなってしまうでしょうか？

ゲームをしながら生《い》き物《もの》のつながりを学《まな》んでみましょう！